La pédagogie
Charlotte Mason

I

Version condensée, annotée et modernisée des trois premiers ouvrages de Charlotte Mason

par Laura Laffon

Table

***

Dans ce livre Charlotte évoque l'enseignement et les contenus des programmes dispensés aux enfants de neuf à douze ans.

Préface

C'est pour mes propres enfants que j'ai découvert Charlotte Mason. Je trouvais peu d'alternatives aux pédagogies en vogue: aucune ne me parlait vraiment. Très populaire dans les pays anglo-saxons, Charlotte était encore inconnue en France, faute de livres sur le sujet. Parce qu'elle a enseigné en école et formé des générations de préceptrices, sa pédagogie est la seule à être pensée aussi bien pour l'école à la maison que pour les classes: Charlotte s'adresse à la fois aux parents et aux enseignants.

Ce premier tome est une version condensée, annotée et modernisée de ses trois premiers livres: _Home Education, Parents and Children_ et _School Education_. J'ai été frappée, en étudiant son oeuvre, par sa modernité: Charlotte a vécu dans une Angleterre victorienne très différente de notre société actuelle, mais son analyse de l'enfance et des limites de l'éducation «de masse» est profondément actuelle. Chaque enfant est unique: on ne peut faire, en éducation, que du sur-mesure. La pédagogie Charlotte Mason, aux antipodes de tout programme prédéfini, est une méthode qui s'adapte à chaque enfant, qui prend en compte ce qu'il est, pour l'encourager à devenir le meilleur de lui-même; une approche respectueuse et très facile à mettre en place, au coeur des livres et de la nature.

Tome I
L'éducation à la maison

Ce premier livre est constitué des six conférences dispensées par Charlotte Mason sur l'éducation des enfants de moins de neuf ans. Il s'adresse à la fois aux parents et aux enseignants.

I- Préambule

De plus en plus de femmes choisissent de faire carrière. Toutes ne travaillent pas par nécessité financière: beaucoup disent chercher la satisfaction de faire quelque chose de «vraiment important». D'ailleurs la société tout entière les encourage à entrer dans le monde du travail, pour être utiles et faire quelque chose d'intéressant. C'est oublier que la mission la plus noble, dans toutes les classes sociales, est d'élever les enfants. L'éducation n'a pas juste lieu dans les écoles, elle se joue avant tout à la maison: la première influence sur le caractère de l'enfant est celle de sa famille, elle fait de lui l'homme ou la femme qu'il deviendra. C'est une chose merveilleuse que d'être parent: il n'y a ni promotion, ni récompense qui lui soit comparable. Les parents de ne serait-ce qu'un petit devraient tous en avoir conscience: aucune vocation n'est supérieure à celle d'élever la génération suivante. N'oublions pas que nos enfants ne sont pas juste une bénédiction pour nous, parents: ils sont une bénédiction pour la société toute entière.

Il existe des lois naturelles qui gouvernent chaque chose, y compris l'éducation. Les parents doivent respecter certaines lois (nourris-le, aime-le) juste pour garder l'enfant en vie. Aussi lontemps que le parent fournit de l'amour, une nourriture variée et équilibrée, suffisamment de camarades et de distractions, il grandit correctement tout seul, très heureux... pour un temps. Mais les parents, et plus encore la société tout entière, attendent des enfants plus que ça. Ils doivent devenir des membres actifs dans la communauté. Idéalement il faudrait tout un village pour élever un enfant et c'est un peu le cas quand les adultes surveillent leur langage en présence de petites oreilles... Mais malheureusement la société n'est pas la force positive qu'elle devrait être lorsqu'il s'agit de modeler et de protéger les plus jeunes.

ı- Une méthode d'éducation

L'éducation des enfants a énormément évolué ces dernières décennies. Il y a encore peu de temps on considérait qu'ils devaient vivre une existence spartiate. La priorité était de les préparer au monde réel, au point que la règle à table était *«plus c'est fade mieux c'est, la faim fera office de sauce!»*. On craignait d'habituer les enfants à trop de luxe; la privation était censée les fortifier. Fort heureusement les choses ont évolué, mais nous sommes en train de passer à l'extrême inverse: une sorte d'adoration de l'enfance, dans laquelle des parents plient et cèdent face à tous les caprices. La situation est très inégale d'un foyer à l'autre: certains enfants sont totalement négligés tandis que d'autres sont gâtés à l'extrême.

Elever des enfants, comme n'importe quelle entreprise, est beaucoup plus facile si vous avez une idée de l'objectif à atteindre: on a trop vite fait de se focaliser sur un seul aspect au point de négliger tous les autres. Garder l'enfant tout entier dans notre champ de vision, rester mesuré et ne pas tomber dans l'obsession du détail au détriment de l'ensemble demande tout un art! Une «éducation Charlotte Mason» est atteinte lorsque nous parvenons à prendre assez de recul pour regarder l'enfant tout entier. Le but? Elever un citoyen actif et responsable, capable de prendre les bonnes décisions, qui s'intéresse à tant de choses différentes qu'il aura de quoi mener une existence heureuse.

Une fois que vous savez quel est votre objectif, vous n'avez plus qu'à définir le moyen d'y parvenir. Les enfants ont leur propre mode de pensée: chacun raisonne différemment, donc les systèmes rigides dans lesquels l'enseignant suit l'étape A, puis B, puis C, pour amener l'enfant au stade D... ne fonctionnent pas. Ce dont nous avons besoin c'est d'une méthode, d'un plan et de quelques principes fondamentaux à toujours garder à l'esprit, tout au long du chemin. C'est exactement ce qu'apporte la pédagogie Charlotte Mason.

2- L'enfance

Il est faux de considérer l'enfant comme une page vierge. Il n'est pas né «vide»: dès le début c'est une personne tout à fait complète. En réalité les enfants ont, grâce à leur innocence, une vision des choses que les adultes n'ont plus. Ayons à l'esprit le commandement:

«Gardez-vous de mépriser un seul de ces petits; car je vous dis que leurs anges dans les cieux voient continuellement la face de mon père qui est dans les cieux.»
Matthieu 18:10

Voyons déjà ce qu'il ne faut pas faire, nous verrons ensuite ce qu'il faut faire:

3- Les insultes faites aux enfants

Nous insultons nos enfants lorsque nous prenons à la légère leur sens inné de la justice, plutôt que de le renforcer en encourageant toujours ce qui est juste et en condamnant ce qui est mal. Nous les insultons lorsque nous rions de leurs petites bêtises *«parce qu'ils sont si mignons»*. Et nous les insultons lorsque nous fermons les yeux sur leurs mauvais comportements. En agissant ainsi nous amenuisons leur conscience et leur sens inné du bien et du mal: nous leur apprenons qu'ils peuvent faire ce qui leur plaît, plutôt que de leur apprendre à faire quelque chose parce que c'est la bonne chose à faire. Les parents doivent apprendre aux enfants qu'ils doivent avoir un bon comportement parce que c'est bien, indépendamment de l'humeur ou de la lubie du moment.

Nous les insultons lorsque nous ne les nourrissons pas correctement, lorsque nous les laissons veiller trop tard ou que nous les laissons s'abrutir avec des activités qui rendent paresseux.

Nous les insultons en montrant un plus grand intérêt à un des enfants de la fratrie: afficher une préférence -voire même en jouer- cause des frictions et des rivalités terriblement malsaines entre frères et soeurs.

4- Le mépris envers les enfants

Les parents méprisent leurs enfants lorsqu'ils ne leur donnent pas le meilleur d'eux-mêmes: du temps. Du temps où ils sont suffisamment gais et reposés pour passer de vrais moments de qualité avec eux. Donner le meilleur de soi c'est aussi avoir la plus haute exigeance dans le choix des nourrices, de tous les professeurs et des éducateurs extérieurs. Tous doivent avoir une bonne influence, être justes envers les enfants.

On méprise son enfant en prêtant trop d'attention à ses défauts, dans l'espoir qu'il s'en défasse. En agissant de la sorte nous obtenons tout le contraire: nous ancrons à jamais ces travers dans sa personnalité, alors qu'il suffit souvent de les ignorer pour qu'ils disparaissent.

5- Ce qui entrave les enfants

On ne devrait pas enseigner aux enfants trop jeunes l'amour de Dieu, tout comme les parents ne devraient jamais utiliser le nom de Dieu comme une menace face à un enfant qui a commis une bêtise. Les enfants devraient simplement voir la foi de leurs parents: ils s'en inspireront tout naturellement.

6- Prendre soin d'un cerveau sain

Voyons désormais ce que nous devrions faire. Le cerveau est un organe vivant et actif, qui a besoin d'exercice, de repos, et d'apports nutritifs.

-Le cerveau a besoin d'exercice:

De l'exercice mental quotidien aide le cerveau à se maintenir en forme. Au contraire un cerveau auquel on ne donne pas de tâches régulières devient paresseux et inefficace.

-Le cerveau a besoin de repos:

Chaque travail mental intense et chaque exercice physique devrait être suivi d'un temps de repos. Un enfant qui vient de prendre un gros repas a besoin des ressources de son corps pour digérer la nourriture. On ne devrait pas l'envoyer marcher dehors tout comme on ne devrait pas lui donner de travail intellectuel: son corps a besoin de se concentrer sur une seule tâche à la fois pour l'accomplir correctement. La matinée, après un petit-déjeuner léger, qui ne demande pas une trop lourde digestion, est le meilleur moment de la journée pour le travail mental «scolaire». L'après-midi la période parfaite pour passer du temps en extérieur ou pour de petites activités légères comme les travaux manuels. Après le dîner, qui est souvent le repas le plus consistant de la journée, les enfants ont besoin de toute leur énergie pour digérer et pour assimiler les informations du jour en dormant, et, par chance, en rêvant! Entrecouper le travail intellectuel en dispensant des leçons courtes -15 minutes de lecture, puis 15 minutes de mathématiques...- est une forme de repos mental qui permet de garder l'esprit alerte.

-Le cerveau a besoin de nourriture:

Tout comme le corps dépense de l'énergie en vivant, bougeant, s'activant, le cerveau en dépense en vivant, réfléchissant et travaillant. Il faut donc faire entrer de l'énergie pour compenser celle qui est brûlée. Le corps a besoin d'un régime varié pour rééquilibrer son système sanguin; l'esprit, puisqu'il fait partie intégrante du corps, a besoin du même traitement que le reste de l'organisme. Le temps du repas devrait être un moment agréable - la digestion ne fonctionne pas en état de stress - et la diversité alimentaire doit être l'objet d'une attention toute particulière. Les enfants ont besoin d'air frais en abondance: Charlotte préconise plus d'une heure de marche quotidienne et insiste sur la valeur de l'air pur et frais de la campagne, aux antipodes de l'air pollué de la ville. Les chambres devraient être aérées fréquemment, et on devrait veiller à ce que l'enfant se lave chaque jour, pour évacuer la transpiration qui empêche sa peau de respirer. Les vêtements devraient être en matières naturelles confortables.

Les organes du corps - le sang, le système digestif, le cerveau- sont connectés: un corps en bonne santé ne garantit pas une bonne santé mentale, mais à l'inverse un corps affaibli nuit profondément à la vivacité de l'esprit.

7- L'éducation et les lois de la physique

De bonnes intentions et du bon sens ne sont pas suffisants pour assurer une bonne éducation. Nous avons aussi besoin de connaître les principes fondamentaux de toute bonne éducation. Les enfants remarqueront à coup sûr qu'un non croyant qu'ils admirent est plus respectueux de la loi et plus honnête que certains croyants qu'ils connaissent; comment leur expliquer la raison de ce paradoxe? Leurs parents seront peut-être aidés si on leur rappelle que les lois de Dieu, comme les lois physiques telles que la gravité, fonctionnent à la fois pour les croyants et les non croyants. Un homme qui ignore la loi de la gravité et qui se jette du haut d'une falaise tombe forcément, qu'il soit croyant ou non. Comme pour n'importe quelle loi physique, la loi divine selon laquelle un homme honnête est digne de confiance est valable pour tout le monde.

Dans le même esprit, il existe des personnes qui professent la religion alors qu'elles en ignorent elles-mêmes le sens profond. Charlotte fait allusion tout particulièrement à ceux qui se vantent d'être très croyants et de suivre les lois spirituelles de Dieu, mais qui lorsqu'il s'agit d'éducation sont dans une ignorance totale et délibérée. Ils délèguent, ils s'estiment «au dessus de ça». Alors qu'il est possible pour une personne non-croyante de faire un travail remarquable dans l'éducation de ses enfants; un travail bien supérieur à celui d'un croyant qui compterait entièrement sur l'amour de Dieu, sans s'investir directement lui-même.

Les parents ne doivent pas se contenter de prières et de bonne volonté pour que les enfants deviennent honnêtes et bons. Ca ne suffit pas: ils doivent absolument s'impliquer activement dans leur éducation.

II- Les enfants et la vie «de l'autre côté des portes»

I- De plus en plus de temps

Charlotte exalte les vertus de la vie en extérieur et des repas pris dans le jardin pour le rafraîchissement de l'âme. A la mère qui n'est pas sûre de réussir à faire passer une heure par jour en extérieur à son enfant, Charlotte répond que le premier devoir d'une mère est de s'assurer qu'il passe le plus clair de ses *six* premières années dehors! Sans aucune pression, simplement pour que chaque parcelle de son être s'imprègne de l'air pur et des merveilles de la nature. Et ce n'est pas simplement parce que l'air frais est bon pour le corps, mais parce qu'une existence posée et équilibrée, à contempler les grands espaces, ne peut qu'amener l'enfant à devenir heureux et bon. Et ce sans aucun apprentissage académique précoce: il s'agit simplement de laisser à l'enfant la liberté complète d'apprendre à connaître le monde et ses merveilles.

Charlotte appelle ça «l'inaction magistrale»: il est primordial de laisser l'enfant récolter seul une foule de petites expériences puis les connecter entre elles par lui-même. Toutes les observations faites durant la petite enfance viennent remplir une formidable base de données qui servira de socle à tout ce que l'enfant apprendra durant le reste de sa vie. Plus il fait de connections durant sa petite enfance, plus il aura les bases et le recul nécessaire à l'assimilation de nouvelles informations. Mieux encore que de simplement les envoyer dehors, nous pouvons les y accompagner, et six heures quotidiennes ne sont pas de trop! Si l'environnement est fait de bitume, il est toujours possible de se rendre au parc le plus proche ou de planifier des excursions régulières à la campagne.

Le temps en extérieur devrait idéalement être composé d'une à deux heures d'exercice physique , et d'une ou deux courtes leçons durant lesquelles le parent entraîne l'enfant à être observateur. Durant ces moments il ne devrait pas y avoir de livres: la nature s'occupe déjà du spectacle. Le reste du temps passé dehors est totalement libre: les enfants ont besoin d'avoir du temps de solitude, du temps pour se laisser simplement pénétrer par la beauté de la nature.

2- L'exploration

Une fois que les enfants ont joué un bon moment, leur mère peut les envoyer en «mission d'exploration»: c'est à celui qui verra le plus de choses et qui pourra en dire le plus au sujet de ce qui se trouve en haut de la colline, dans le ruisseau, derrière la haie ou dans le taillis. A leur retour les rapports sont une vraie leçon de narration: nous devons les encourager grâce à quelques questions à entrer dans le détail, à être de plus en plus précis. Les enfants apprennent à être de meilleurs observateurs quand ils savent qu'ils pourront ensuite raconter ce qu'ils ont vu. Savoir qu'ils auront l'occasion de faire un rapport verbal et qu'ils trouveront une oreille attentive pour partager leur enthousiasme les aide à imprimer la scène dans leur esprit: ainsi, leurs observations deviennent une image gravée en eux, qu'ils auront beaucoup de plaisir à se remémorer lorsqu'ils seront plus âgés.

3- L'impression mentale

Voici un autre exemple d'exercice à réaliser dans la nature: il s'agit d'encourager l'enfant à bien observer une scène, de lui demander de fermer les yeux puis de raconter l'image avec des mots. Il aura beaucoup de plaisir à écouter sa mère décrire la scène qu'il voit dans sa tête; c'est un avant-goût formidable pour le jour où il fera seul ses propres narrations.

4- Les fleurs et les arbres

Chaque enfant devrait avoir une bonne connaissance de la flore qui l'entoure. Il devrait savoir ce qui pousse dans son environnement et où trouver certaines fleurs spécifiques. Plus encore, l'enfant doit être encouragé à engranger petit à petit une foule de petits détails en collectant et en dessinant les différentes espèces végétales endémiques de sa région. Il peut apprendre beaucoup sur les arbres de son environnement en en choisissant six et en observant leur évolution à travers les différentes saisons de l'année. Même les arbres ont des fleurs: un enfant ne se lassera jamais de les étudier.

5- Les créatures vivantes

Les enfants peuvent tenir à jour un calendrier des évènements de la nature, dans lequel ils pourraient consigner par exemple le jour de la première feuille de chêne ou celui des premières mûres: où et quand ils les ont aperçues. Ce calendrier, propre à chaque enfant, permettra l'année suivante de comparer et de comprendre le cycle des saisons.

Ils peuvent également rédiger un «journal de la nature», pour noter toutes les petites observations intéresssantes qu'ils ont faites: «trois écureuils sur un mélèze, un geai volait au travers de tel champ, une chenille escaladait une ortie, un escargot grignotait une feuille de chou, une araignée a chuté brusquement sur le sol, l'emplacement où se trouve le lierre couvre-sol, la manière dont il a grandi, quelles plantes se sont développées avec lui, et comment il parvient à grimper à l'aveuglette...». Dès l'âge de cinq ans l'enfant peut illustrer son journal avec ses propres peintures. Il aura sans doute besoin d'aide pour mélanger les couleurs, mais une fois ce travail préparatoire fait on ne devrait pas interférer avec sa tâche. Donner à un enfant ce genre de tâches le préserve de l'ennui. Si on laisse assez de temps aux enfants pour observer les trous de taupes, les fourmis, les écureuils... ils deviendront vite d'excellents observateurs de la vie sauvage qui les entoure. Peut-être pourraient-ils avoir leur propre fourmilière? Même un enfant des villes peut observer les moeurs des moineaux et consigner ses observations dans son «journal de la nature».

N'oublions jamais qu'un enfant s'imprègne de l'enthousiasme de ses parents pour la nature, et qu'il en apprendra bien plus à son sujet en l'observant de ses propres yeux qu'il n'en apprendra jamais dans les livres. Il ne s'agit pas simplement d'une préparation aux leçons de choses: en offrant ces années d'observation aux jeunes enfants, nous leur offrons la possibilité d'une vie entière de joie face au spectacle de la nature, tout en exerçant chez eux une capacité de concentration et d'observation remarquables. L'observation dans la nature est aussi une activité précieuse pour attirer leur attention sur autre chose que leurs propres désirs.

6- Biologie, botanique et zoologie

Charlotte recommande de ne jamais disséquer une plante ou un animal avant l'âge de six ou même de huit ans. Avec les plus petits la seule priorité est au respect de la vie, qui est un don merveilleux: on peut l'enlever mais jamais la restaurer. En attendant nous pouvons leur apprendre à distinguer et à nommer les différentes parties des plantes et des animaux entiers. Pour Charlotte classer par espèces et par type est l'une des plus hautes fonctions du cerveau, c'est un exercice fabuleux pour aiguiser l'intelligence.Les enfants ne devraient pas découvrir les classifications dans les livres: nous devrions les amener à constater les différences et similitudes entre les espèces par eux-mêmes, grâce à leurs propres observations. Ils peuvent par exemple regrouper les plantes à feuilles en forme de coeur et celles qui sont arrondies; les feuilles entières et celles qui sont en plusieurs parties; les feuilles avec des veines entrecroisées et celles qui ont des veines droites; les fleurs en forme de croix et celles en forme de cloche; les fleurs à trois, quatre, cinq pétales; les arbres au feuillage persistant et ceux qui le perdent à l'automne; les créatures qui ont un squelette et celles qui n'en ont pas; les animaux qui mangent de l'herbe et ceux qui se nourrissent de chair...

On peut aussi presser des fleurs et des feuilles pour élaborer un herbier de botaniste: l'enfant pourra y consigner la flore de son environnement et classer feuilles et fleurs par ressemblances.

De bons livres de botanique, de biologie et de zoologie peuvent être utiles, mais ils ne doivent jamais être la base de ses connaissance sur la nature. Ce type de livres doit surtout aider l'enfant à répondre aux interrogations qui avaient germées dans son esprit lors de ses observations: en lisant il doit pouvoir se «raccrocher» à ses nombreuses expériences. Ces ouvrages sont aussi un atout précieux pour le parent ou pour n'importe quel adulte qui est amené à passer une heure ou deux avec des enfants, et qui souhaite étudier la flore et la faune pour pouvoir mieux répondre aux questions. Les enfants admirent ceux qui connaissent les réponses aux questions qu'ils se posent.... Et qui sait: peut-être donnerez-vous ainsi l'impulsion nécessaire à un jeune esprit pour qu'il fasse un jour de belles choses pour ce monde?

7- L'enfant acquiert de la connaissance grâce à ses sens

Les enfants observent tout: c'est leur premier vecteur de connaissance. Les bébés cognent les objets et observent ce qu'il se passe, ils ramassent et touchent les choses. La perspective - ce que nous voyons peut être aussi bien proche qu'éloigné - est quelque chose que l'enfant ne peut apprendre que grâce à l'expérience.

C'est ça le travail d'un enfant, expérimenter, et c'est la raison pour laquelle le travail formel doit être prohibé avant l'âge de six ans. Avant six ans l'enfant a bien assez à faire simplement pour observer, comprendre, et construire une grandiose base de données dans son esprit. Plus tard il sera amené à réfléchir, comprendre, raisonner: avec quel matériel pourra-t-il le faire si cette base est vide? Un enfant qui a pu observer comme le soleil est haut dans le ciel à midi un jour d'été, et comme il est bas à la même heure un jour d'hiver, sera parfaitement capable de comprendre plus tard que le climat d'une zone géographique dépend de l'éloignement du soleil.

On parle beaucoup des dangers de la «sur-pression», c'est-à-dire d'exiger trop de travail mental à un enfant en bas-âge. Le danger existe, il est réel, mais on se trompe de fautif: le risque n'est pas de donner à l'enfant trop d'informations à assimiler; le risque est de lui donner un type de travail mauvais pour son développement mental. Un enfant que l'on fait asseoir trop tôt pour «apprendre» est privé de l'essentiel. Personne n'attend d'un petit garçon haut comme trois pommes qu'il soulève une tonne. En revanche donnez-lui le travail que la nature lui destinait, et vous serez surpris de la quantité d'informations qu'il peut assimiler: elle est pratiquement illimitée!

Qui a déjà vu un enfant fatigué d'observer la nature? C'est le genre de nourriture mentale pour laquelle il a un appétit gargantuesque, tout simplement parce que c'est de cette nourriture dont il a besoin pour bien grandir. Et comment le nourrit-on? Dans les écoles on dispense de rares «leçons de choses». Ces séances valent mieux que rien, mais elles sont une minuscule mise en bouche, c'est ridicule au regard des quantités dont l'enfant a besoin: que ce soit dans les écoles ou à la maison, il y a encore fort à faire pour combler les besoins de l'enfant dans ce domaine, pour qu'il puisse faire sa base de données directement dans la nature, plutôt que grâce à un savoir de seconde main, déconnecté du monde réel.

Nous autres personnes plus âgées apprenons par le biais des mots et des livres, en partie par notre maturité intellectuelle... et en partie par notre mauvaise éducation! Nous attendons des enfants qu'ils apprennent de la même manière, et nous les trouvons lents et ternes. Pourquoi? Parce que ces mots sont pour lui une langue étrangère tant qu'il n'a pas expérimenté les choses par lui-même. Mais mettez-le en face du réel et il sera vingt fois plus rapide que vous pour les assimiler. L'esprit d'un enfant attire la connaissance comme un aimant attire le métal. On n'aura pas l'impression qu'il progresse beaucoup en le laissant «ne rien faire»: il n'a pas encore les mots pour exprimer tout ce qu'il a vu et compris. Mais, dans le plus grand silence, ces expériences font un travail de construction incroyable sur son intellect. C'est à cet âge que l'amour de la nature et la curiosité s'impriment en lui... ou pas.

8- L'enfant devrait avoir une bonne connaissance des choses de la nature

Dès que l'enfant attrape les objets et montre de l'intérêt pour ce qui l'entoure, notre rôle est de veiller à ce qu'il ait plus de choses naturelles à voir que de choses artificielles. Les villes ont leurs propres panoramas, et il y des règles à connaître pour survivre en paysage urbain. Mais ces connaissances pratiques (comme savoir où se trouvent les magasins) ne font pas vraiment grandir l'enfant, elles n'élargissent pas son champ de vision.

L'esprit de l'enfant est beaucoup plus sollicité lorsqu'il est confronté à une nature en perpétuel mouvement: il y a toujours quelque chose qui change, qui évolue, quelque chose de soudain et d'inattendu à découvrir. L'enfant qui a une bonne connaissance de la faune et de la flore développe un esprit scientifique. Connaître les lois de la nature lui enseigne la patience et la bonté. Un enfant passionné par la nature aura bien assez pour s'occuper sans être forcé d'inventer des sottises.

9- La géographie en extérieur

La nature offre un environnement formidable pour étudier la géographie. Observer son propre environnement amène l'enfant à se questionner sur les pays lointains. Par exemple une mare aux canards peut aider un enfant à comprendre ce qu'est la mer; et observer une crique peut l'aider à comprendre de quoi sont faits les grands fleuves de ce monde. Il sera capable de comprendre ce que sont les plaines et les collines des autres pays s'il est déjà familier avec la géographie des paysages qui l'entourent.

Les enfants doivent apprendre à se repérer dans l'espace et dans le temps grâce au soleil; ils devraient apprendre les points cardinaux dehors, avoir un compas et savoir l'utiliser, connaître les nuages et la météorologie, les distances de marche approximatives et à combien de mètres les choses se trouvent les unes des autres, juste en comparant avec la longueur de leurs pas. Toutes ces activités se font sous forme de jeux. Les enfants peuvent aussi comprendre le concept de frontière en observant les clôtures d'un champ et les limites de la ville. Ils peuvent essayer de cartographier une zone en dessinant une vue du ciel de l'endroit où ils se trouvent.

10- L'enfant et mère nature

Ce programme vous semble-t-il vertigineux? Croyez-vous qu'il va vous falloir parler et animer l'intégralité des cinq ou six heures en extérieur? C'est tout le contraire: moins vous en dites, mieux c'est!

Les enfants devraient être laissés à leurs propres observations avec un minimum de conseils et de leçons. Trop d'informations et de lectures les détournent de la seule priorité: regarder. Et c'est une chose délicieuse à observer: la mère lit son livre ou tricote, attendant patiemment que son enfant vienne la solliciter pour parler. Et l'enfant fixe la cîme d'un arbre ou le détail d'une fleur, sans penser à rien. Ou il observe la petite vie d'un oiseau qui saute de branche en branche et cabriole joyeusement sans but apparent. Ce sont des petits instants qui semblent insignifiants... et pourtant, c'est tout un travail qui est en cours: la nature est à l'oeuvre.

II- Les jeux en extérieur

La leçon de langue étrangère *(Charlotte préconisait un apprentissage parfait du français)* ne devrait pas être oubliée. Il faut que les enfants apprennent une autre langue oralement, en écoutant et en répétant des phrases et des mots. Ils devraient commencer si jeunes que la différence d'accent ne les choquera pas. Il faut qu'ils puissent assimiler les nouveaux mots parfaitement, et qu'ils soient libres de les utiliser comme si c'était leur langue maternelle. Ils devraient apprendre quelques mots chaque jour, trois à six, tout en continuant d'utiliser les anciens mots. L'idée est d'incorporer les leçons de langue étrangère au temps passé dehors, en commençant par le vocabulaire de ce qui les entoure: les feuilles, les branches, le tronc, les couleurs des fleurs, le mouvement d'un oiseau, les nuages, l'agneau, l'enfant... il faut que les mots étrangers soient une autre forme d'expression pour les idées qui remplissent l'esprit de l'enfant.

Mais les «jeux bruyants» ont aussi leur importance: plus ils courent, crient et agitent les bras, plus le jeu est sain. On parle de plus en plus de poumons faibles, de fragilité de la gorge et de la poitrine... mais personne n'a donc songé que les poumons et la gorge s'entraînent exactement de la même manière que le bras ou le poignet? C'est-à-dire par l'exercice et l'entrainement! Et s'ils peuvent donner de la voix avec rythme et musicalité, c'est encore mieux! Dans ce domaine les enfants français sont meilleurs que les anglais: ils font la ronde en chantant et en dansant. Les enfants y jouaient déjà sur la place du marché de Jérusalem! Il existe dans notre culture populaire une variété de comptines et de chansons formidables , en français et en anglais, pour mettre ces rondes en musique.

Charlotte émet également de longues recommandations sur la tenue vestimentaire appropriée aux jeux en extérieur: elle doit être confortable, en fibres naturelles, chaude par temps froid et protectrice du soleil et de la chaleur par temps estival. *On comprend aisément que dans l'Angleterre victorienne de Charlotte il ne devait pas être évident pour une petite fille de grimper aux arbres en crinoline, d'où les longues recommandations sur le sujet!*

12- Les promenades par mauvais temps

Si on veut donner aux enfants le meilleur, il faut commencer par leur offrir au moins deux ou trois heures dehors chaque jour, même en plein hiver. Lorsqu'il neige et qu'il gèle c'est une fête pour eux: ils peuvent glisser, faire des batailles de boules de neige et des constructions de glace. Même durant les journées grises et boueuses il faut veiller à maintenir ce temps passé en extérieur: il est essentiel pour le corps et pour l'esprit de s'aérer tous les jours, malgré le froid et les nuages. Les promenades hivernales sont passionnantes: les arbres nus dévoilent mieux leur structure, les oiseaux ont migré et l'on observe mieux certains animaux en recherche de nourriture. Puisque les choses sont moins visibles c'est l'occasion pour les enfants de regarder plus attentivement et de mettre à l'épreuve leur capacité de concentration.

Le célèbre illusioniste Robert Houdin raconte dans son autobiographie qu'il avait l'habitude de passer avec son fils devant la vitrine d'un magasin de jouets. Chacun d'entre eux devait la regarder très attentivement en passant. Après quelques pas, ils sortaient un petit papier et un crayon de leurs poches, et voyaient lequel d'entre eux pouvait énumérer le plus d'objets aperçus. Le jeune garçon surprit son père par sa vivacité d'esprit: il avait été capable d'énumérer quarante objets, alors que le père avait difficilement atteint la trentaine. Sur le trajet du retour ils vérifiaient la liste: le fils se trompait rarement.
Cette anecdote est un parfait exemple de jeu à faire durant une promenade hivernale.

La pluie, à moins d'être torrentielle, ne fait aucun mal aux enfants s'ils sont correctement habillés pour l'affronter: il n'y a pas de mauvais temps, juste de mauvais vêtements. Seul l'enfant malade a une bonne raison de ne pas sortir.

13- Une vie de Peau-Rouge

Lorsque Charlotte a écrit Home Education, «Peau-Rouge» était un terme générique pour tous les Indiens d'Amérique. Charlotte mentionne ici Lord Baden-Powell, fondateur du scoutisme et auteur de <u>Scouting for boys</u>. Mason et Baden-Powell partageaient exactement la même vision de l'importance d'une éducation à l'extérieur.

Songez à quel point il est excitant de s'approcher comme une ombre silencieuse, à quatre pattes derrière les buissons qui bordent la rivière, sans déranger la moindre brindille ni le moindre galet; de s'avancer jusqu'à être le plus près possible d'un couple de bécasses, et là, de s'allonger sur le sol... juste pour observer leur petite course délicate, leurs gracieux mouvements de tête et de queue... juste pour entendre la musique de leur chant. Il faut des trésors de patience et de maîtrise de soi pour pister un oiseau à la manière d'un Peau-Rouge, mais quel exercice enrichissant pour un enfant!

14- Les enfants ont besoin d'air pur

A l'époque de Charlotte, les maisons étaient chauffées au feu et le risque d'intoxication au monoxyde de carbone était tel qu'elle insistait énormément sur l'importance de ventiler les maisons et de passer le plus de temps possible à l'extérieur. Si ce qu'elle décrit dans Home Education *au sujet de l'atmosphère pollué par la fumée est obsolète aujourd'hui, l'intérieur de nos maisons est toujours plus pollué que l'extérieur, pour des raisons différentes.* Comme tout ce qui produit de la chaleur, nous avons un besoin vital d'oxygène. Il est primordial de respirer un air aussi sain que possible, et de bénéficier de la lumière naturelle du soleil.

Pour Charlotte «un enfant gros est un enfant qui se porte bien». *La réflexion fait sourire aujourd'hui dans un contexte inversé d'abondance de nourriture. Je crois qu'elle entendait surtout par cette réflexion qu'une nourriture saine et équilibrée est primordiale, et qu'elle aurait été horrifiée par nos habitudes alimentaires modernes.* Un enfant en bonne santé, qui

a l'esprit vif et les yeux brillants, est beaucoup plus disposé
à s'intéresser aux choses.

III- Le comportement fait l'Homme

1- Une éducation basée sur la loi naturelle

La pédagogie Charlotte Mason fonctionne parce qu'elle est basée sur la manière dont les enfants apprennent le mieux. La priorité est de s'assurer que le jeune enfant soit parfaitement familiarisé avec son environnement naturel. La seconde est d'aider les parents à comprendre l'importance des bonnes habitudes (toutes ces routines, ces choses que l'on fait sans plus y penser tant elles sont devenues normales): c'est un outil important pour élever l'enfant. Elles sont même à la fois la fin et le moyen: l'assimilation de bonnes habitudes fait l'éducation, et l'éducation fait l'assimilation des bonnes habitudes.

2- Les enfants sont incapables de se contraindre eux-mêmes

Charlotte, durant ses premières années d'enseignement, s'est aperçue que d'excellents élèves assimilaient parfaitement les connaissances, mais que les défauts avec lesquels ils étaient nés restaient gravés en eux, malgré toute l'instruction qu'on pouvait leur prodiguer. Une bonne éducation religieuse enseigne aux enfants la loi, et peut les motiver à la respecter, mais certains enfants malgré toute la bonne volonté du monde ne parviennent pas à se contrôler et à maîtriser leurs mauvaises pulsions. Ils manquent de pouvoir pour agir sur eux-mêmes. La priorité n'est pas le savoir, ni la quantité de connaissances engrangées. La seule chose qui importe vraiment c'est la noblesse de caractère et la maturité intellectuelle. L'éducation traditionnelle échoue parce qu'elle n'aide pas chaque enfant à atteindre le meilleur de lui-même. Une bonne éducation doit apprendre la maîtrise de soi avant toute chose. Les enfants ont besoin d'aide pour apprendre à contrôler leurs propres pulsions; chaque pulsion est particulière et propre à l'enfant, on ne peut pas agir à sa place, en revanche on peut tout à fait l'entraîner à le faire pour lui-même.

Et la maîtrise de soi n'est pas tout: il faut renforcer la capacité de l'enfant à prendre des décisions alors qu'on l'amoindrit encore trop souvent. Savoir prendre des décisions est la chose la plus difficile qui soit. Il faut absolument avoir des routines, des actions réflexes: quand certaines routines sont devenues une seconde nature vous n'avez plus à penser à toutes les petites choses du quotidien, elles se font toutes seules! L'esprit n'est plus sans cesse parasité, il est plus léger, il peut enfin se concentrer sur la prise de décisions importantes, sans s'épuiser.

3- Qu'est ce que la nature humaine?

Tous les hommes, indépendamment de leur culture, de leur ethnie ou de leur position sociale, naissent avec la même curiosité. Nous avons tous le désir de savoir et de comprendre, tout comme nous avons tous des peurs, des joies et des tristesses. Chacun vient au monde avec une conscience et un sens du devoir inné. Même le sauvage le plus isolé sait que mentir, tuer et trahir est mal.

Les hommes naissent aussi avec des tendances personnelles: nous avons tous notre lot de talents et de défauts. Pour Charlotte nous en avons hérité dans nos gènes. La mission des parents est de renforcer le meilleur en chaque enfant, et de gommer ses défauts. Il est de leur devoir de lui apprendre à prendre le contrôle de lui-même. Il doit apprendre à surmonter ce qu'il y a de mauvais en lui, mais il doit aussi apprendre à exploiter et à équilibrer ses qualités. Même une excellente vertu telle que la générosité peut devenir toxique pour celui qui n'a pas appris à l'exploiter correctement. Il serait injuste de laisser un enfant grandir dans une totale liberté, sans aucune limite, en faisant confiance à la grâce de Dieu pour qu'il surmonte ses défauts. Oui Dieu peut l'aider à le faire seul, mais c'est exposer l'enfant à des difficultés énormes: il a besoin de l'aide de ses parents pour construire la solide maîtrise de soi qui l'accompagnera toute sa vie durant.

4- Les bonnes habitudes peuvent surpasser la nature humaine

Si le caractère naturel d'un enfant est très important, ses bonnes habitudes le sont dix fois plus encore. La nature d'un enfant détermine son comportement. L'enfant peureux prend l'habitude de mentir pour ne pas être puni; l'enfant aimant a une centaine d'habitudes attachantes; l'enfant optimiste a l'habitude de donner; l'enfant égoïste a l'habitude de garder... Les comportements ne sont rien d'autre que la nature en action, et ils se renforcent avec le temps.

Mais nous pouvons agir sur les comportements. Personne ne devrait être esclave de ses qualités et de ses défauts. Les enfants que l'on encourage à être soigneux ne tâchent pas leurs vêtements, ceux que l'on encourage à être pudiques répondent aux questions indiscrètes par «je ne sais pas», les enfants que l'on a amené à être polis considèrent leurs aînés avec grâce et respect et affichent autant de considération pour la mendiante que pour la dame bien habillée...Quand un parent parvient à développer les bons comportements chez son enfant, alors il a agi sur sa personnalité pour tout le reste de sa vie.

5- Agir sur les mauvais comportements

Il est incroyable de voir comme une toute petite idée peut croître jusqu'à devenir une belle réalisation. On ne sait même pas d'où elle vient: elle semble avoir germé toute seule! Mais toutes les idées ne sont pas inspirantes: les mauvaises apparaissent de la même manière que les bonnes et elles peuvent croître avec la même facilité déconcertante. On n'a pas voulu délibérément ces idées, mais on peut les aiguiller comme on le ferait pour des trains. Nous avons la capacité de barricader les rails, d'afficher «TERMINUS» en grandes lettres et de laisser la place pour un autre train, une autre voie.

Mais les enfants ne sont pas capables de dresser ces barricades tout seuls. Nous devons leur apprendre à les construire, en leur enseignant ce qu'ils peuvent penser, les désirs qu'ils peuvent chérir, les sentiments qu'ils peuvent autoriser. Nous ne devons pas travailler contre la nature de l'enfant, nous devons au contraire travailler avec elle, en renforçant ce qu'il y a déjà de bon en lui. Il s'agit simplement de les initier: il leur faudra une vie entière pour explorer et pour apprendre à gérer toutes les pensées qui peuvent apparaître dans leur esprit. Mais en agissant sur les comportements et les pensées d'un enfant, ne risque-t-on pas d'interférer avec son libre-arbitre? Charlotte pense que non: puisque de toute manière l'état d'esprit gouverne la vie de chaque personne, qu'un mode de pensée soit inné ou acquis par l'éducation n'a aucune importance, s'il est bon!

6- La physiologie du comportement

Charlotte s'appuie sur un ouvrage du docteur Carpenter pour illustrer à quel point les comportements peuvent devenir une seconde nature. Le cerveau est en perpétuelle évolution, et de nouvelles connexions se créent en fonction des besoins. A chaque fois que nous pratiquons une activité, de nouveaux tissus cérébraux se forment et c'est ainsi que chaque nouvelle compétence devient une partie réelle de notre cerveau.

Le cerveau d'un enfant qui apprend à écrire se transforme autant que les muscles de sa main, qui se développent pour lui permettre de tenir le crayon. C'est la raison pour laquelle il faut présenter aux enfants tout un éventail d'activités physiques, comme la danse ou la nage, afin que leurs muscles et leur cerveau se développent de manière harmonieuse. Un corps jeune est plus facile à façonner, et un enfant qui n'a pas développé de multiples compétences musculaires et intellectuelles durant ses premières années aura beaucoup plus de difficultés à les acquérir à l'âge adulte. Ce qui est évident dans le cas d'un fermier qui n'a fait que travailler dans les champs et auquel on demanderait à l'âge adulte de tenir un stylo est valable pour tout le monde et dans tous les domaines.

7- Transmettre un bon comportement

Charlotte donne des conseils très simples pour aider un enfant à se défaire de mauvais comportements tels que la paresse. On ne guérit pas la paresse par la punition ou par la récompense: un nouveau comportement doit être acquis à la place de celui qu'on veut éliminer. Un parent attentif doit prendre le temps -et cela peut prendre des semaines- de guérir un trait de caractère indésirable exactement comme il soignerait une rougeole. Nous devrions commencer par montrer à l'enfant ce qui peut résulter d'un défaut, pour qu'il comprenne pourquoi il doit s'en défaire. Une fois que nous avons sa coopération il faut simplement se rappeler régulièrement à son bon souvenir.

Prenons l'exemple d'un enfant très lent à se préparer: l'enfant doit se chausser pour sortir en promenade. Il rêve en laçant vaguement ses chaussures. Contraint au bout d'un moment de lever les yeux il aperçoit le regard de sa mère, un regard d'attente et d'espoir. Il se ressaisit et reprend sa tâche.

Au milieu de la seconde chaussure il se remet à rêver, moins longtemps cette fois; il lève encore les yeux et retourne à ses lacets.

Au bout de quelques semaines l'enfant ne rêvasse plus: le mauvais comporement est résolu sans punition ni récompense. Une fois que l'enfant a compris pourquoi il devait agir sur une mauvaise habitude, il est inutile de le lui rabâcher. Le regard (qui doit montrer l'espoir, jamais le reproche) ou un petit contact physique léger, si l'enfant est profondément perdu dans ses pensées, sont les seuls instruments efficaces dont on dispose.

On peut demander:
«Penses-tu pouvoir être prêt dans cinq minutes pour sortir, sans mon aide?

-Oui Maman.

-Ne dis pas «oui» si tu n'en es pas sûr.

-J'essaierai.»

L'enfant essaie, et réussit.

Quand la bonne habitude est acquise, il faut être très vigilant à ce qu'elle le reste. On peut être tenté de relâcher les efforts, de fermer les yeux sur un comportement paresseux parce que «le pauvre enfant a déjà fait tant de progrès»! C'est absolument fatal, il faudra tout recommencer du début. Si instaurer de bonnes habitudes est un travail de plusieurs semaines, veiller à ce qu'elles perdurent est une tâche incessante. Le nouveau comportement est une source de fierté pour l'enfant: il est inutile d'y ajouter une récompense quelconque. Un bon comportement difficilement acquis est une belle victoire, la joie qu'elle procure vaut toutes les récompenses.

Charlotte donne un second exemple sous la forme d'un dialogue entre une mère et son fils:

«Johnny, dit-elle d'une voix claire et amicale, je veux absolument que tu te souviennes d'une chose: n'entre ou ne sors jamais d'une pièce dans laquelle quelqu'un se trouve sans fermer la porte après ton passage.

-Mais si j'oublie, maman?

-J'essaierai de te le rappeler.

-Mais si je suis pressé?

-Tu dois toujours prendre le temps de le faire.

-Mais pourquoi Maman?

-Parce qu'il est impoli de rendre inconfortable la pièce dans laquelle des gens se trouvent.

-Mais si je dois ressortir à nouveau dans la minute qui suit?

-Peu importe: ferme la porte en entrant, tu l'ouvriras à nouveau quand tu ressortiras. Crois-tu pouvoir t'en souvenir?

-J'essaierai Maman.

-Très bien, je t'observerai et je sais que tu oublieras peu.»

Johnny oublie deux ou trois fois. A chaque fois il est déjà au milieu des escaliers du porche lorsque sa mère l'appelle. Elle ne hurle pas «Johnny! Reviens et ferme cette porte!» parce qu'elle sait à quel point ces citations à comparaitre sont insupportables pour les petits et les grands. Elle marche jusqu'à la porte et appelle gentillement «Johnny!». Johnny a tout oublié de la porte, il se demande ce que veut sa mère; attiré par la curiosité il rebrousse chemin et trouve sa mère assise à son occupation. Elle lève les yeux, montre la porte du regard et dit simplement:

«Je t'avais dit que j'essaierai de te le rappeler.

-Oh, j'avais oublié» répond Johnny, rappelé à son devoir.

Il ferme la porte pour cette fois, pour la suivante, et encore la suivante...

C'est maintenant qu'arrive la période difficile et «dangereuse». Johnny ferme toujours la porte, et la fierté de sa mère commence à être ternie par une certaine pitié irraisonnée. «Pauvre enfant, se dit-elle, il a été bien gentil de se donner tant de mal pour une si petite chose.» Elle croit que l'enfant fait de gros efforts, par amour pour elle, alors que le comportement difficile au début est devenu naturel. Désormais Johnny ferme les portes sans même en avoir conscience. Mais un jour l'enfant est pris par une activité nouvelle, il oublie l'habitude encore récente et fragile de fermer les portes. Il est à la moitié des escaliers lorsqu'il réalise son oubli. Il s'arrête un instant, le temps d'écouter si sa mère le rappelle. Elle a bien remarqué l'oubli, mais elle le lui pardonne bien volontiers «après tous ses efforts je peux bien le laisser passer pour cette fois». Lui, dans les escaliers, n'entendant pas sa mère le rappeler à l'ordre, prononce cette fameuse phrase fatale: «ce n'était donc pas si important que ça».

Les fois suivantes il laisse la porte ouverte mais ce n'est pas un simple oubli: tout est à recommencer.

8- L'hygiène de vie du jeune enfant

Les bébés devraient être élevés dans un environnement propre et ordonné, avec des bains fréquents et des pièces bien aérées.

Leurs affaires doivent être rangées et en bon état, pour qu'ils considèrent l'ordre comme quelque chose de normal. Les jouets cassés doivent être écartés, ils doivent apprendre à les ranger dès l'âge de deux ans. Un bébé devrait idéalement être entourés de beaux objets, il est important qu'il évolue dans un univers à la décoration soignée: même s'il est tentant de croire qu'un enfant se moque de l'esthétique, c'est à cet âge que les goûts se forment. Les jouets et les livres doivent être beaux et inspirants, plutôt que vulgaires, idiots et de mauvaise qualité.

Le bébé doit apprendre très jeune que la pudeur est importante, il ne devrait pas être autorisé à courir partout en tenue d'Eden. Il ne doit pas simplement apprendre la pudeur, mais aussi l'obéissance et la joie que l'on peut avoir lorsque l'on respecte les règles. Chaque enfant devrait avoir un rythme de sommeil et de repas régulier.

9- L'exercice physique

Une leçon de gymnastique suédoise
dans une école de Charlotte

Pour la coordination des mouvements, l'attention et la vivacité, Charlotte recommande d'intégrer la gymnastique suédoise *(Swedish Drill)* à la routine quotidienne; c'est une discipline particulièrement bénéfique, qui peut être pratiquée à tout âge, même par les bébés. La gymnastique suédoise fait adopter une série de mouvements, que les élèves exécutent d'après les instructions vocales de l'enseignant. Les mouvements sont plutôt lents et précis; ils font jouer le sens de l'équilibre et la maîtrise musculaire.

Plus les enfants progressent, plus les instructions correspondent à des postures compliquées. Par exemple, l'enseignant énonce *«les mains sur les hanches, jambes parallèles, genoux fléchis»*, *«un grand pas en avant, bras tendus»*, ou encore *«bras droit tendu devant, bras gauche tendu derrière, un pas droit en avant et en appui sur la jambe droite fléchie»* puis *«en place!»*. Les enfants adoptent la bonne position et attendent la consigne suivante.

Les possibilités de positions sont infinies, elles peuvent inclure des sauts, des pliés, de la marche... L'enfant est obligé d'écouter attentivement, pour Charlotte c'est une pratique très complète. La gymnastique suédoise est un excellent exercice à faire quelques minutes par jour, mais n'oublions pas l'importance de ne pas submerger les enfants de consignes et de directives, de ne pas les écraser sous un flot de «fais-ci, ne fais pas ça...». Il faut aussi leur laisser beaucoup de temps libre pour courir, explorer, faire leurs propres expériences... après avoir balisé et sécurisé la zone!

Le jardinier élague et sélectionne les branches de son pêcher, mais cela n'est qu'une toute petite partie de la vie de l'arbre. Tout le reste du temps il laisse agir l'air doux, le soleil, la pluie. Et le résultat ce sont... les pêches! Mais s'il ne taillait pas correctement son arbre, s'il négligeait cette toute petite partie, le résultat ne serait rien de plus que de petites prunelles. C'est exactement la même chose avec les enfants: tout l'art de les élever réside dans la capacité à trouver un juste équilibre entre éduquer et laisser grandir librement.

IV- Quelques bonnes habitudes

Charlotte pense que les parents sont les personnes les mieux placées pour éduquer l'enfant, parce que ce sont celles qui les connaissent le mieux. Mais connaître son enfant n'est pas suffisant, il faut aussi un certain degré de compréhension des mécanismes d'apprentissage, ce qu'elle appelle les «sciences de l'éducation» . Une fois qu'on a compris que les bons comportements doivent être assimilés le plus tôt possible, quel parent ne voudrait pas être en première ligne pour s'assurer que cet apprentissage est correctement fait? En agissant sur un seul comportement à la fois on assure au petit enfant une base solide pour toute la vie.

I- La capacité de concentration

De toutes les aptitudes mentales, celle-ci est la plus importante: les plus hautes tâches intellectuelles dépendent d'une bonne capacité de concentration. L'avocat, le médecin, l'homme de lettres... tous ont besoin de savoir maintenir parfaitement leur attention. Nos esprits sont toujours occupés . Lorsque nous sommes réveillés nous passons d'une pensée à une autre, et même durant notre sommeil notre esprit est occupé à rêver. Un enfant très bavard passe sans cesse d'une phrase à l'autre, par association d'idées, et c'est une excellente qualité mais aussi un lourd fardeau. S'il ne parvient pas à maintenir son esprit sur le sujet il sera incapable d'assimiler correctement les connaissances, même si sa mémoire est excellente. Son esprit devient esclave de ses propres pensées. Mais comment une mère peut-elle agir là-dessus? La capacité de concentration peut être cultivée dès la petite enfance si la mère veille à maintenir l'attention de l'enfant sur un jouet, même si son réflexe est de passer sans cesse d'un objet à l'autre.

La petite Margaret a saisi une pâquerette? Dans une seconde elle sera jetée au sol pour un caillou ou un bouton d'or. Mais sa mère a saisi ce petit moment. Elle fait remarquer à Margaret comme la pâquerette a un oeil jaune vif et de petits cils blancs tout autour; toute la journée elle se repose là, sur l'herbe, en ne cillant jamais comme Margaret le ferait, mais en regardant le ciel, l'oeil grand ouvert... et que pense Margaret de ce que la pâquerette fera ce soir, quand le soleil sera couché? Elle fera ce que font tous les petits enfants: elle fermera sur son oeil ses cils bordés de rose, et dormira jusqu'au matin. C'est à ce moment que la pâquerette devient intéressante pour Margaret.

Avec les plus grands, en classe, chaque leçon devrait être courte et intéressante. Il faut éviter que l'esprit s'ennuie et commence à vagabonder. Si l'enfant commence à rêvasser, il est temps de mettre fin à la leçon pour que la rêverie ne devienne pas une habitude. La durée de la leçon doit être annoncée, pour que l'enfant se prépare mentalement à maintenir son attention durant un temps donné. De courtes leçons de matières variées doivent se succéder sans laisser place à l'ennui: 20 minutes par leçon est une limite maximum pour un enfant de moins de huit ans. Il faudrait idéalement aborder toutes les matières tous les jours, et alterner les leçons «intellectuelles» (comme la lecture) et les leçons minutieuses (comme l'écriture). Il faut à tout prix maintenir l'intérêt: un enfant qui s'ennuie et pense à autre chose perd son temps et altère sa capacité de concentration. Si on parvient à alterner correctement les leçons l'enfant traverse la matinée de travail sans montrer aucun signe de fatigue.

Quand un enfant a fini son travail en avance, il doit pouvoir consacrer librement le reste du temps à ses loisirs. Un enfant de moins de quatorze ans ne devrait pas avoir de devoirs à faire, tout son travail devrait être concentré sur la matinée. Mais s'il n'a pas le choix il faut aussi lui donner un temps imparti pour faire ses devoirs du soir, une heure par exemple. Lorsque l'enfant sait qu'une fois l'heure passée il pourra sortir s'amuser, son temps de travail est beaucoup plus efficace.

Il faut éviter de classer les enfants et de récompenser le premier: cette pratique encourage un esprit de compétition qui nourrit le sentiment de supériorité du meilleur, le ressentiment des suivants et la vanité de tous. La connaissance est une récompense qui se suffit à elle-même.

La capacité de concentration n'est pas une qualité difficile à acquérir, mais elle est le sésame qui ouvre toutes les portes. Peu importent les qualités d'un enfant s'il n'est pas capable de se concentrer pour les exploiter, c'est la raison pour laquelle elle doit absolument être la toute première qualité à développer chez l'enfant.

Enfin, au sujet des punitions, Charlotte n'approuve pas les châtiments corporels. Les enfants devraient apprendre la vie par les conséquences naturelles de leurs actes. Une punition ne doit pas être inventée, elle doit si possible correspondre à la faute.

2- La réactivité

Les enfants devraient avoir l'habitude de répondre rapidement aux questions de l'éducateur.

3- La réflexion

Il est important d'avoir une bonne compréhension des mécanismes de cause à effet. L'enfant peut s'exercer à dessiner les conclusions de ce qu'il voit. Charlotte donne l'exemple d'un homme qui aperçoit un vol de condors et qui en déduit qu'un lion doit être dans les parages puisque les lions effraient les condors.

4- L'imagination

Les enfants doivent être entourés de livres stimulants pour l'imagination. Ils devraient jouer à _Robinson Crusoe_ par exemple. Pour Charlotte le côté loufoque de livres comiques comme _Alice au pays des merveilles_ est un obstacle au développement de l'imagination: il ne faut pas abuser des livres trop farfelus parce qu'ils ne laissent pas la place à l'invention dans l'esprit de l'enfant. A l'opposé les livres sur des enfants comme eux, qui vivent la même époque et le même quotidien, ne leur donnent pas assez de matière à rêver. Ces romans sont trop «ordinaires». Laissez-les lire des récits d'aventure, des romans héroïques de voyages fabuleux, de merveilleux contes de fées dans lesquels rien n'est impossible... L'imagination se nourrit de grandes et belles idées et même les petits livres ludiques devraient être choisis avec la plus grande attention.

5- La mémoire

Toutes nos pensées, toutes nos expériences, laissent une empreinte dans notre esprit. Mais c'est bien inutile si on ne sait pas comment la retrouver pour s'en servir plus tard. Encourager l'enfant à concentrer toute son attention sur une chose rend l'empreinte dans la mémoire beaucoup plus profonde; il lui sera beaucoup plus facile de la retrouver plus tard. Chaque leçon devrait commencer par un petit rappel des leçons précédentes. Si vous lisez un chapitre, faites un bref résumé de l'histoire que vous avez déjà racontée pour que le récit forme un tout dans la mémoire de l'enfant. Les informations et les leçons totalement déconnectées les unes des autres sont beaucoup moins bien mémorisées.

6- La précision

Autoriser un enfant à rendre un travail bâclé dans l'idée qu'il s'améliorera en grandissant encourage la médiocrité. Aucun travail ne devrait être donné à un enfant s'il n'est pas capable de le réaliser parfaitement. Attendre d'un enfant l'excellence le pousse à l'atteindre. Il goûte ainsi au plaisir qu'on peut avoir lorsqu'on a le souci du détail. Si sa ligne d'écriture n'est pas parfaite, il devrait refaire la même le jour suivant, et encore le jour suivant.... jusqu'à ce que son travail soit parfait. Il doit aussi apprendre à finir ce qu'il a commencé: ne le laissez pas commencer un nouveau projet s'il n'a pas fini le précédent.

7- L'obéissance

L'obéissance est le tout premier devoir d'un enfant. Un parent doit à Dieu et à la société d'élever un enfant capable de respecter la loi. Un enfant doit obéir, non pas parce que le parent a dit de faire quelque chose, mais parce qu'obéir est la bonne chose à faire. L'obéissance compulsive d'un enfant tyranisé n'est pas suffisante: c'est seulement lorsque l'enfant obéit parce qu'il a intégré que c'est la bonne chose à faire que l'obéissance fait vraiment partie de son comportement. Les parents entraînent les enfants à obéir dès la toute petite enfance, et il ne devrait pas être nécessaire de les contraindre: ils obéiront si c'est le comportement que leurs parents attendent d'eux. Il n'est pas suffisant de dire «fais ça», il faut le faire avec un ton chargé d'attentes et d'autorité. C'est primordial, parce qu'un enfant obéissant est digne de confiance, où qu'il aille.

Plus âgés les enfants devraient aussi savoir que la capacité de faire soi-même immédiatement certaines choses que d'autres refuseraient de faire est un comportement noble.

8- L'honnêteté

Le mensonge a trois causes. Celui qui ment:

-néglige l'importance de la vérité,
-néglige l'importance de dire la vérité,
-et a une intention délibérée de tromper.

Les parents ont tendance à oublier les deux premières causes et à accorder trop d'importance à la troisième, alors qu'on doit avoir de très hautes exigeances pour les trois. Il faut attendre des enfants qu'ils transmettent les faits avec précision, sans les exagérer. Ils doivent savoir qu'ils ne doivent jamais répéter une information dont ils ne sont pas sûrs.

Les enfants doivent être respectueux envers les personnes et leurs biens. La mauvaise humeur ne doit pas être tolérée comme faisant partie de leur caractère: il faut tenter de montrer aux enfants que l'on peut surmonter les désagréments en voyant ce qu'il y a de bon dans chaque situation. Encourager la gaieté est le meilleur antidote pour soigner un enfant enclin à la mauvaise humeur. Lorsqu'un enfant commence à râler ses parents peuvent le distraire en lui confiant une tâche comme d'aller faire une commission, ou n'importe quel petit travail agréable. Absorbé par sa nouvelle occupation, l'enfant oublie ses idées noires. En usant souvent de ce stratagème on entraîne l'enfant à remplacer de lui-même ses pensées négatives par de nouvelles, plus agréables.

V- Les leçons, un instrument éducatif

I- Elaborer les leçons

Les parents ne devraient pas laisser aux «spécialistes» la décision de ce que l'enfant doit savoir. Ils doivent avoir leur propre opinion sur l'éducation et sur ce qu'il est important de savoir. Même s'ils ne font pas l'école à la maison: ce n'est qu'en ayant toutes les cartes en main que les parents peuvent soutenir correctement les éducateurs. Et ils devraient garder le contrôle des premières années de leurs enfants, plutôt que de les confier à des nourrices et des enseignants moins qualifiés. Si une mère n'a vraiment pas le temps d'assurer elle-même l'instruction de son enfant elle doit tout faire pour trouver une gouvernante ou un enseignant qui corresponde parfaitement à ses standards d'éducation. Elle doit commencer par se poser les bonnes questions: quelles sont ses exigences éducatives? Quelles sont pour elle les choses importantes à savoir? De quoi l'enseignement de l'enfant devrait-il être fait? Comment devrait-il lui être dispensé?

Les enfants doivent apprendre sans cesse de nouvelles choses parce que les grandes idées les inspirent, elles sont la clef d'un esprit fécond. Une bonne leçon doit transmettre autant d'idées que de connaissances. La plupart des adultes parlent de haut aux enfants, mais pas les mères: elles sont assez intimes avec leurs petits pour savoir qu'il est inutile de leur parler avec condescendance puisqu'ils sont capables de comprendre beaucoup plus qu'on ne le pense. Beaucoup de livres écrits pour les enfants insultent leur intelligence exactement comme ces adultes qui croient parler à des simples d'esprit: ils radotent, bêtifient. Il faut fuir ces livres remplis d'âneries, de bavardages insignifiants et d'idioties sans nom.

Charlotte suggère quatre tests pour savoir si une leçon est bonne pour l'enfant:

1- Elle fournit assez de matière à penser.

2- Elle sollicite l'intelligence de l'enfant.

3- Elle fait appel à ses connaissances antérieures.

4- Elle est assez intéressante et agréable pour que l'enfant s'en souvienne avec plaisir des années plus tard.

Gardons à l'esprit que les enfants doivent acquérir un maximum de connaissances directement grâce à leurs propres expériences. Les leçons doivent donc laisser énormément de temps en extérieur pour jouer et découvrir. On peut leur donner chaque jour un petit sujet d'attention particulier sur lequel se concentrer durant leur temps dehors (une fleur par exemple): le jeu a autant d'importance que les leçons; tous deux doivent bénéficier de la même considération. Les enfants devraient être libres de dessiner les conclusions de leurs propres observations avec le moins d'aide possible. Les leçons doivent toujours rester gaies et intéressantes: n'oublions jamais que seul un enfant heureux progresse correctement.

2- L'école maternelle

L'école maternelle est un vaste débat. Le succès d'un tel endroit repose entièrement sur la maîtresse. Elle doit avoir une excellente culture générale, de bonnes connaissances en psychologie et en pédagogie, un excellent contact avec les enfants, du tact, beaucoup de bon sens, un bon tempérament et assez d'autorité. Trouvez l'institutrice parfaite et l'école maternelle sera un endroit merveilleux. En revanche placez-y une enseignante «normale» et ce sera un désastre: les petits jeux et comptines habituels de la maternelle sont d'une idiotie abrutissante s'ils sont enseignés par une personne ordinaire.

La meilleure institutrice d'un enfant est sa mère, parce qu'elle est la seule à avoir assez de tact, de gentillesse, de bon sens et de culture. Et elle n'a pas besoin de transformer son intérieur en école pour que l'enfant apprenne correctement. Elle n'a pas besoin non plus d'organiser des activités contraignantes: il lui suffit de laisser l'enfant toucher, voir et entendre, apprendre les tailles des choses, leurs couleurs et leur nombre, imiter avec précision et s'exprimer. L'enfant apprend mieux directement dans le monde réel, avec les choses du quotidien.

Ce n'est pas parce que l'enfant est jeune que sa mère doit accepter que son travail soit bâclé. Il est tout à fait capable de dresser la table, de suspendre le linge ou encore de fermer une valise. On peut passer par le jeu, mais ça ne doit pas être le gros de son éducation: le matériel pédagogique reste quelque chose d'artificiel et à cet âge rien ne vaut l'expérience puisée directement dans le monde réel. Ne forçons pas non plus l'enfant à prendre part à une activité: s'il ne veut pas se joindre au groupe, laissez-le vaquer à ses propres occupations.

3- Quelques considérations supplémentaires sur l'école maternelle

Les tout petits sont beaucoup plus complexes et intelligents que ce que leurs petites attitudes adorables laissent imaginer. Dans _Enfance et adolescence_ Léon Tolstoï raconte avoir écrit très jeune un poème sentimental pour l'anniversaire de sa grand-mère et avoir été choqué par son hypocrisie en le relisant adulte: il ne pensait pas un mot de ce qu'il avait écrit! Les enfants cachent souvent ce qu'ils pensent. Ils croient que les grandes personnes ne peuvent pas comprendre. Combien d'adultes se souviennent de leur propre enfance, de ce qu'ils ressentaient, des problèmes qui leur semblaient insurmontables? C'est pourtant bien utile pour être à l'écoute. Mais rassurons-nous, la plupart des enfants grandit très bien en ne disant pas tout.

Il faut rendre à Froebel (_pédagogue allemand, père du concept d'école maternelle_) d'avoir formé les adultes à voir du potentiel dans chaque enfant. Mais les enfants sont destinés à vivre des vies d'adultes: ils ne peuvent pas y être préparés correctement en grandissant sous cloche! On est d'ailleurs surpris de ce dont sont capables les gamins des rues pour survivre dans le monde réel. Les enfants sont beaucoup trop intelligents pour être enfermés dans des écoles maternelles qui les font radoter: ils ont besoin de vraies, grandes et belles idées pour nourrir leur imagination. Charlotte donne quelques exemples d'ouvrages inspirants pour l'enfant: *l'Ile au trésor, Robinson Crusoe, Ulysse*... Il est beaucoup mieux à jouer sur ces thèmes après en avoir écouté la lecture, plutôt qu'à «gambader comme un agneau, secouer ses nageoires et agiter ses doigts comme des papillons». Ces petits jeux peuvent l'amuser pour passer le temps, certes, mais ils sont d'une platitude affligeante: ce n'est pas ce dont l'imagination a besoin!

Les instituteurs de maternelle en font tout simplement trop. Plutôt que de présenter de belles idées sur le monde réel, sur les compositeurs et les écrivains... ils filtrent tout pour en faire du joli, du simplifié enrobé de petits sentiments à l'eau de rose, parce qu'ils pensent que c'est plus approprié à des enfants de cinq ans. Mais rien de tout cela n'est réel, c'est tout ce qu'il y a de plus farfelu et artificiel au contraire: c'est stérile. Il n'y a rien de mieux pour un enfant que d'apprendre avec sa mère. Il la connaît bien, elle est la mieux placée pour l'encourager à aller vers de nouvelles expériences tout en continuant sa routine quotidienne. C'est autrement plus précieux qu'une éducation artificielle: une pièce remplie d'autres enfants du même âge qui n'ont encore que peu de maîtrise d'eux-mêmes est beaucoup trop stimulante. Les enfants progressent mieux et deviennent des personnes plus équilibrées en grandissant dans le cadre familial. Les très jeunes enfants ont un grand besoin de liberté pour jouer, observer les chenilles, méditer... ils ont besoin de temps, pas d'activités minutées par la maîtresse. Les enfants en bonne santé et heureux inventent leurs propres jeux; ce n'est qu'avec cette possibilité de jouer librement qu'ils peuvent développer leur esprit d'initiative (compétence autrement plus précieuse que tout ce qu'ils peuvent apprendre à cet âge avec des leçons scolaires structurées). Leur vie d'adulte sera bien remplie, laissons-les profiter de longues heures de temps libre tant qu'ils en ont encore l'occasion.

L'expérience d'Annie Sullivan, préceptrice d'Helen Keller, est passionnante. Comme toutes les grandes découvertes, celle-ci est frappante de simplicité: l'enseignante a mis de côté absolument tout le matériel pédagogique pour laisser la petite fille tirer elle-même ses propres conclusions du monde qu'elle expérimentait. Helen Keller a grandi, elle est devenue un écrivain remarquable malgré ses multiples handicaps: elle avait appris bien plus au contact des choses réelles qu'elle n'en aurait jamais apprises assise à une table à faire des travaux manuels.

Une éducation artificielle prépare l'enfant à une vie pâle, coupée des réalités.

4- La lecture

L'apprentissage de la lecture est beaucoup plus simple qu'il n'y paraît, d'ailleurs la plupart d'entre nous ne se souvient même pas d'avoir appris à lire. Les enfants apprennent souvent les lettres par eux-mêmes, mais une mère devrait quand même veiller à ce qu'ils sachent les former, les reconnaître et identifier leur son. Cet apprentissage n'est pas ennuyeux pour un enfant: c'est un jeu, qu'il faut faire durer tant que l'enfant le trouve amusant. L'enfant peut ensuite s'amuser à mettre les lettres ensemble pour former de petits mots aux syllabes très simples (épi, pipe, papa, toto...). Puis on ajoute les difficultés tout doucement, les unes après les autres (le son «ou», le «ch»...). Ainsi, très tôt, l'enfant ferme les yeux et est capable d'épeler des mots.

Il est tout à fait possible d'éviter de mettre des lectures idiotes entre les mains d'un très jeune lecteur: il peut commencer à lire directement de beaux livres. Avec de l'aide au début: l'adulte fait la lecture lentement et se tait dès qu'il aperçoit un mot que l'enfant est capable de lire seul. L'enfant prend le relais pour déchiffrer le mot; il doit articuler clairement pour prendre l'habitude de bien prononcer. Cette méthode prend sûrement plus de temps, mais pour Charlotte, elle évite que l'enfant se heurte à des livres remplis d'âneries et à des phrases sans intérêt. Il est mille fois préférable qu'il lise quelque chose d'inspirant, qui élève son âme et qui lui transmet l'amour de la lecture, plutôt que de petits livres édulcorés et vides.

5- La première leçon de lecture

Charlotte retranscrit une discussion entre deux mères au sujet de sa méthode de lecture. Le dialogue masque à peine un reproche envers les éditeurs et leur désir de vendre leurs ouvrages scolaires. Convaincue par la platitude des manuels de lecture, elle recommande de laisser l'enfant apprendre à lire directement dans les beaux livres.

6- Lire: la vue et l'ouïe

Les enfants ont des facultés presque surnaturelles pour apprendre à lire: c'est aussi mystérieux que l'apprentissage de la marche et de la parole!

Mais apprendre à décoder ces petits signes noirs sur fond de papier blanc n'a rien de naturel, il faut tout un travail pour comprendre les mécanismes de la lecture. En plus de devoir mémoriser quel son est associé à quelle lettre, l'enfant doit assimiler toutes les exceptions qui changent le son des lettres et l'orthographe des mots. Charlotte estime que l'enfant doit connaître par coeur l'orthographe de 1000 mots. Les enfants aiment les choses passionnantes que sont les insectes par exemple. En revanche ils n'ont aucun intérêt pour les syllabes dépourvues de sens comme «po» ou encore «cla». Pour Charlotte il faut toujours privilégier les vrais mots aux suites de sons. Un enfant qui sait écrire «salade» n'a aucune difficulté à changer la première lettre pour écrire «malade», même s'il n'a pas passé des heures à répéter «ma-sa-me-la-da-de....».

Pour mémoriser petit à petit l'orthographe des mots le parent peut écrire un mot sur une ardoise, demander à l'enfant de l'observer attentivement, puis effacer et demander à l'enfant de reconstituer le mot avec les lettres de sa boîte. *Charlotte utilisait des lettres découpées dans du papier et rangées dans une petite boîte; on peut aujourd'hui se servir d'un alphabet magnétique par exemple.*

7- La récitation

Les enfants naissent excellents acteurs: l'imitation les amuse. Utiliser cette capacité naturelle pour leur faire retenir des poèmes exerce leur langage et enrichit leur vocabulaire. Mémoriser et réciter sont deux exercices différents, aussi riches l'un que l'autre, et la poésie permet de travailler sur chacun d'entre eux. Encore une fois: la littérature regorge de tant de vers simples et sublimes à la fois qu'il est inutile de faire mémoriser des âneries aux enfants!

8- L'enfant plus âgé et la lecture (8 et 9 ans)

Les lecteurs devraient être habitués à lire pour extraire et retenir des informations importantes. Leur lecture doit être lente et précise dès le début, pour qu'ils n'aient pas besoin de tout relire pour chercher ce qu'ils ont râté la première fois. La narration cultive cette habitude. Lire à haute voix est un excellent exercice: les enfants apprennent ainsi à articuler et à mettre le ton. La lecture en famille, chaque soir, transmet le plaisir que l'on peut trouver dans les livres. Il ne faut pas étouffer l'enfant en lui demandant la définition de tous les mots qu'il lit: l'interroger sur le contexte ou sur le sens de tout ce qu'il lit est un exercice ennuyeux; laissez-le raconter librement ce qu'il a retenu de sa lecture, il y prendra plaisir.

9- L'art de la narration

Les enfants savent naturellement raconter leurs expériences: ce n'est pas une faculté artificielle ou contrenature. On ne devrait jamais demander à un enfant de moins de six ans de faire une narration, mais s'il le faitt spontanément nous devrions l'écouter avec beaucoup d'intérêt. A partir de six ans nous pouvons commencer à exploiter cette capacité à des fins éducatives en faisant la lecture à l'enfant et en lui demandant ensuite de raconter ce qu'il a retenu de l'histoire, épisode après épisode.

Vers sept ans l'enfant est normalement capable de lire seul, mais ses capacités sont encore faibles: il faut absolument continuer à lui faire la lecture pour alimenter son imaginaire de beaux récits, jusqu'à ce qu'il soit capable de lire seul une belle et abondante littérature.

L'adulte lit donc à l'enfant deux ou trois pages, pas plus; la narration de l'enfant ne doit pas être corrigée (il faut éviter de l'interrompre pour rectifier les erreurs de grammaire par exemple). La leçon complète (lecture et narration) n'excède pas quinze minutes. On peut ensuite discuter de la morale de l'histoire. Une fois que l'enfant est capable de lire de beaux récits seul en assez grande quantité, alors seulement nous pouvons cesser de lui faire la lecture et le laisser préparer seul sa narration.

10- L'écriture

Charlotte préconise d'apprendre directement les «italiques» de Mrs Bridge dans *A New Handwriting*. Cette écriture, développée pour simplifier l'alphabet gothique, correspond presque parfaitement à nos lettres cursives, «attachées». Les lignes d'écriture doivent être absolument parfaites, à la lettre près. Le modèle, dans la marge, sert de guide à l'enfant. Les premières leçons sont très courtes, pas plus de cinq ou dix minutes: l'exigeance est sur la qualité, pas sur la quantité. Les jeunes enfants peuvent être autorisés à tracer les lettres avec de la peinture. On commence par les lettres les plus simples, les lettres droites, et on va progressivement vers les lettres les plus compliquées et arrondies. L'idéal est de s'entraîner avec un crayon à papier sur des lignes de taille moyenne (ni trop petites ni trop grosses). Une fois que l'enfant trace parfaitement les lettres, il peut commencer à écrire des mots courts.

Il faut absolument exiger la perfection: grâce à elle, l'enfant aura une belle écriture pour toute sa vie.

11- La copie

La copie est le premier exercice pour l'orthographe. L'enfant devrait recopier ses passages de livres et ses vers préférés. Un poème entier à recopier serait exagéré, il risquerait de dégoûter l'enfant plus qu'autre chose. 10 à 15 minutes, c'est une durée raisonnable pour une leçon de copie. Il faut accorder beaucoup d'attention à la posture de l'enfant, la position de sa main et la hauteur de la table.

12- La dictée

Souligner ou barrer de rouge les fautes d'une dictée attire l'attention sur les erreurs et cause directement la mauvaise orthographe: un enfant ne devrait jamais voir de mots avec des fautes, parce qu'ils s'impriment dans son esprit avec la même facilité que les mots correctement orthographiés.

Si elle est correctement préparée, une dictée n'a pas de fautes. Le but de l'exercice n'est pas de savoir combien de mots l'enfant sait écrire correctement, mais de l'entraîner à écrire des mots qu'il sait déjà orthographier dans sa tête. Toutes les dictées doivent donc être préparées. Très courtes pour les jeunes enfants, leur longueur et leur difficulté augmentent avec l'âge. Tous les mots incertains doivent être appris par coeur avant la dictée. Lorsque l'enfant est bien sûr de connaître le passage par coeur, le parent demande oralement d'épeler quelques mots difficiles, pour s'assurer qu'il les connaît effectivement. Si l'enfant semble avoir correctement appris le texte, il peut commencer à écrire sous la dictée du parent. Si une faute se glisse malgré tout dans la dictée, l'adulte doit immédiatement l'effacer ou la cacher avec un papier et demander à l'enfant de réécrire par dessus le mot correctement orthographié. Un enfant mémorise l'orthographe des mots visuellement et on ne veut surtout pas qu'il visualise des fautes.

13- La composition

Demander à un enfant d'écrire un esssai est beaucoup trop prématuré. Il en est encore au stade où il récolte des informations, il n'est pas encore prêt pour les articuler sous la forme d'une rédaction. La pratique habituelle de l'aider en posant des questions auxquelles il doit répondre est décourageante: ces questions brident l'imagination, elles le limitent plutôt que de l'inspirer. La composition ne doit pas être introduite avant l'âge de dix ans. Les enfants plus jeunes apprennent à maîtriser le langage par la copie et par la narration. Ils recoivent des idées en abondance grâce à leurs lectures et il leur faut du temps pour savoir les organiser et élaborer leurs propres écrits. Si l'on a attendu correctement, vers l'âge de dix ans l'enfant est assez mûr pour commencer à écrire ses propres compositions, avec un style naturel qui n'appartient qu'à lui.

14- La Bible

Nous avons tort de croire qu'un enfant est trop jeune pour comprendre la Bible. On ignore comment l'esprit de Dieu agit sur les tout-petits, et nous ne devrions pas les priver des écritures à cause de leur âge. A l'âge de neuf ans chaque enfant devrait avoir écouté la lecture des passages les plus beaux et les plus appropriés de l'ancien testament. Aucune paraphrase n'est nécessaire: ils sont capables d'apprécier la beauté du texte original. Les petits ne se posent pas autant de questions que nous sur ce qui est réel et ce qui ne l'est pas: ils prennent simplement le texte pour ce qu'il est, en attendant de leur expliquer plus tard ce qui est allégorique et ce qui est concret. Il faut prendre garde à ne pas trop en faire: la lecture de la Bible ne doit pas être ennuyeuse.

Une leçon de Bible devrait commencer par la lecture d'un passage. On laisse ensuite l'élève faire une narration puis on en discute ensemble, comme pour n'importe quelle leçon de narration. On peut introduire, pour illustrer la lecture, de belles images de Rembrandt par exemple.

15- Les mathématiques

Certes les mathématiques sont utiles dans la vie, mais leur plus-value est surtout dans les capacités de raisonnement qu'elles exercent chez l'enfant. L'apport du calcul va bien au-delà de juste savoir compter: c'est un apprentissage qui développe considérablement la logique et l'intelligence.

Les problèmes étudiés doivent parler à l'enfant, il faut qu'ils aient du sens pour lui, plutôt que de lui faire directement manier des notions abstraites. On peut commencer en manipulant des légumes ou des boutons: l'enfant doit être capable de visualiser ce qu'il fait avant d'écrire les symboles abstraits. On ne parle pas directement de 1,2,3... mais de deux carottes ou de trois pièces par exemple. Une fois qu'il sait additionner et soustraire jusqu'à vingt il peut immédiatement commencer la division et la multiplication. *La méthode préconisée par Charlotte, d'introduire les quatre opérations presque simultanément tout en travaillant avec des images mentales, correspond aujourd'hui à la méthode Singapour.* Quand la manipulation d'objets courants est bien acquise, on peut passer aux problèmes écrits. En géométrie comme en calcul l'enfant n'a besoin d'aucun matériel pédagogique spécifique: les objets du quotidien suffisent amplement. Les nombres et les formes sont déjà présents tout autour de lui, il suffit de le lui faire remarquer: la table est rectangulaire, l'assiette est ronde, il a dix crayons dans sa trousse... toutes ces choses du quotidien ont beaucoup plus d'intérêt aux yeux de l'enfant qu'un matériel spécifique «sec» comme des pentagones et des boules en bois.

Les mathématiques s'exercent aussi grâce à la monnaie: le laisser acheter et vendre lui inculque la valeur de l'argent et l'encourage à bien compter. L'enfant doit aussi avoir l'occasion de s'amuser avec une balance et des poids, pour comprendre combien de grammes font un kilo etc...

16- La philosophie de la nature

Charlotte entend par «philosophie de la nature» l'étude approfondie de l'univers qui entoure l'enfant: la physique en somme. Les enfants ne devraient jamais cesser ni de demander «pourquoi?», ni de regarder avec curiosité comment tout fonctionne. Pourquoi le vent souffle-t-il? Pourquoi la rivière coule-t-elle? Pourquoi cette petite feuille est-elle collante? Ne devancez pas les questions, laissez-les s'interroger. Et quand vous cherchez les réponses avec l'enfant, ne le faites pas dans un manuel scolaire idiot, allez puiser l'information dans un bel ouvrage complet. Ne le forcez pas à apprendre par coeur une nomenclature compliquée: les termes «vertébré» et «invertébré» ne sont pas d'une importance immédiate; en revanche que l'enfant sache de lui-même , en les observant, classer l'huître et le chat dans deux catégories distinctes et se demander pourquoi, ça c'est important.

Prenons deux promeneurs: le premier s'ennuie, mais le second, observateur, est tout entier absorbé par le spectacle qui s'offre à lui. La seule différence entre eux est la curiosité, l'intérêt: certaines personnes sont hermétiques à la beauté de la nature, ils passent à côté de quelque chose de grandiose. La nature est régie par des principes logiques il n'y a rien de «magique» là-dedans. Observer les phénomènes liés à l'air, à la vapeur, au son... aiguise l'esprit scientifique de l'enfant. Il devrait d'ailleurs faire de nombreuses expériences très simples, pour mieux comprendre les phénomènes physiques.

L'étude des lois de la nature n'évite pas seulement la superstition: elle apporte surtout assez de connaissance pour que toute sa vie durant l'enfant continue à se questionner et à s'émerveiller.

17- La géographie

Les enfants, comme les adultes d'ailleurs, n'ont aucun goût pour l'apprentissage de données sèches comme les capitales des nations, le taux d'importations, leur superficie en kilomètres carrés... Les petits s'intéressent aux mêmes choses que nous: ils se régalent de récits et d'images de pays lointains, dans lesquels ils peuvent s'imaginer vivre. Le premier contact entre un enfant et la géographie a lieu tout petit, grâce aux années passées dehors. Comment peut-il imaginer ce que sont les chaînes de montagnes s'il n'est même pas familier avec les collines de sa région?

Si on leur fait apprendre toute une série de données sèches ils trouveront forcément la géographie rébarbative. Alors que si nous leur transmettons quelques connaissances de base, quelques «outils», alors ils seront équipés pour apprécier et comprendre la géographie presque seuls. Les enfants devraient déjà commencer par tracer dans la boue les plans de leur arrière-cour avant d'étudier des cartes de régions lointaines. Lors d'un voyage en famille on peut aussi leur confier une carte, pour qu'ils puissent y tracer l'itinéraire au fil de l'expédition. Il est très important que les enfants soient habitués à lire des cartes. Ils peuvent faire des plans de leur chambre, de leur quartier, de leur ville... ils devraient connaître les points cardinaux, comment utiliser un compas, ce que sont la latitude et la longitude, les courants marins... chaque enfant devrait avoir un globe à sa disposition pour s'y référer dès qu'il se pose une question.

Rapidement, l'enfant montre sûrement une préférence pour une région, pour un peuple, il prend plaisir à appronfondir le sujet grâce à de belles lectures. Il lui est possible de garder une trace de ses «voyages» en épinglant sur une carte les endroits explorés dans les livres. Ces lectures ont lieu sur le temps libre de l'enfant: la géographie est un loisir fait de voyages imaginaires et d'explorations en extérieur, elle ne doit pas être une matière scolaire minutée.

18- L'histoire

Comme pour la géographie, la première exposition d'un enfant à l'histoire devrait se faire grâce aux idées. On viendra accrocher plus tard, sur ces idées, des données historiques. Pourquoi égrener un chapelet de dates et de faits isolés, cela n'a aucun intérêt pour l'enfant, alors qu'on peut parfaitement enseigner l'histoire en racontant de passionnants récits de héros et d'actes de noblesse?Avant d'assommer l'enfant avec toute l'histoire de son pays ou même du monde entier, il devrait déjà se familiariser avec une petite période ou même juste un personnage. On lui offre ainsi un point de départ auquel relier tout le reste. La plupart des livres d'histoire pour enfant n'ont pas grand intérêt: des récits captivants et bien écrits sont beaucoup plus inspirants (quitte à sauter les passages qui ne seraient pas appropriés car trop violents par exemple)... Les enfants aiment les petites anecdotes, les détails, il ne faut donc pas trop simplifier. N'oublions pas que les meilleures histoires sont écrites par ceux qui les ont vécues.

Les mythes et légendes de Plutarque sont absolument passionnants pour les enfants: une bonne connaissance de la mythologie greco-romaine aiguise leur compréhension des arts et de la littérature. Les enfants qui apprennent l'histoire de cette manière n'ont pas de difficultés de narration. Leurs jeux sont plus riches et leur imaginaire incroyablement plus stimulé que s'ils avaient appris des listes de faits impersonnels.

19- La grammaire

La grammaire - l'étude de la place et du rôle des mots dans une phrase- est quelque chose qui plaît rarement aux enfants. C'est un exercice logique mais difficile.

Les phrases étudiées en grammaire sont piochées dans la belle littérature. Les élèves devraient commencer par apprendre à distinguer le sujet (ce dont on parle) et le verbe (ce qu'il fait). Une suite de mots (tasse, balle, cuillère) ne fait pas une phrase parce qu'une phrase est composée d'un sujet et d'un verbe. Le sujet est ce dont on parle (mon frère Tom, le vase brisé) et le verbe est ce que l'on en dit (s'est coupé le doigt, a été réparé).

20- La langue étrangère

Charlotte insiste sur la nécessité d'apprendre le français. Les enfants devraient apprendre une langue étrangère de la même manière qu'ils ont appris leur langue maternelle: non pas en étudiant des manuels, ni en commençant par la grammaire... mais en la parlant. Et plus on commence cet apprentissage tôt mieux c'est: il faut que l'enfant prenne l'habitude de penser directement dans la langue étrangère, chose beaucoup plus facile à obtenir avec un tout petit.

Si un enfant apprend six mots étrangers chaque jour, il possèdera un vocabulaire impressionnant de 1500 mots à la fin de l'année. Si certains de ces mots sont enseignés sous forme de phrases ou d'expressions entières, l'enfant saura rapidement s'exprimer avec une facilité déconcertante. Charlotte suggérait que les familles se regroupent par six pour employer un francophone, afin qu'il passe une demi-heure quotidienne dans chaque famille.

21- L'art

A partir de six ans l'enfant ne devrait pas être juste encouragé à dessiner, il devrait aussi affiner son goût et sa culture au contact d'oeuvres de maîtres. Leurs peintures sont autrement plus riches que la plupart des illustrations pour enfant.

Nous ne pourrons jamais mesurer tout l'impact d'une oeuvre artistique sur le sens esthétique d'un enfant. Il s'enrichit au contact des beaux tableaux, bien plus qu'en regardant une simple image.

Charlotte détaille la façon dont l'histoire de l'art est enseignée dans ses classes: pour la première leçon elle explique aux enfants que les artistes aimaient les animaux, et qu'ils ont besoin de les étudier pour les peindre correctement. Elle leur montre ensuite l'image de l'oeuvre à l'étude et les laisse l'observer attentivement quelques minutes. L'image est rangée et Charlotte demande aux enfants de raconter la scène et de décrire les caractéristiques du chien représenté. Elle leur divulgue enfin le titre de l'oeuvre, peut-être même son histoire, et leur laisse la possibilité de dessiner en cinq minutes une rapide esquisse du tableau.

La première expérience artistique des enfants se fait grâce à leur petit journal de la nature. Ils devraient être libres de dessiner ce qu'ils veulent sans directives ni corrections de la part du parent ou de l'enseignant. Charlotte trouvait plus facile pour un enfant de dessiner avec des fusains ou de la peinture, plutôt qu'avec des crayons. On peut aussi leur donner de l'argile pour reproduire un objet placé devant eux (un fruit ou une noix par exemple); non pas en façonnant un morceau d'argile entier, mais en ajoutant de la matière petit à petit, jusqu'à ce que la sculpture soit fidèle à l'original.

La musique ne devrait pas être en reste (Charlotte recommande la méthode Sol-fa) grâce à la pratique du chant et du piano...   La danse et la gymnastique suédoise apprennent à l'enfant à se mouvoir avec grâce, en plus d'entretenir sa forme physique.

Les travaux manuels doivent être toujours enseignés dans l'idée de créer quelque chose d'utile et de très belle qualité. Un enfant de moins de neuf ans est tout à fait capable de rempailler une chaise, de faire des paniers en vannerie, de tisser un tapis de laine, de peindre un panneau japonais, de tailler un tampon dans un bouchon de liège, de tricoter ou encore de coudre... Les petits travaux manuels médiocres juste destinés à remplir le temps libre n'ont aucun intérêt. Un naperon en dentelle de papier réalisé en quelques coups de ciseaux est un exercice insipide: l'enfant doit toujours ressentir une grande fierté pour ses réalisations, ce n'est possible qu'avec des productions de valeur.

VI- Volonté, Conscience, et Aide de Dieu

ı- La volonté

On peut considérer l'intelligence d'une personne comme un royaume: le royaume de l'Âme. Chacun peut apprendre à contrôler son royaume en emprisonnant les sujets qui cherchent à usurper le trône (Avidité, Convoitise...) et en élevant au contraire les sujets qui le renforcent (Devoir, Beauté, Vérité...). Ce royaume est gouverné par la Volonté, par la Conscience, et par l'aide de Dieu.

La Volonté est le contrôleur en chef: si elle est assez forte, elle est capable de garder les sujets sous contrôle; si elle est faible, les sujets mesquins du royaume prennent le pouvoir, c'est le chaos. Chacun d'entre nous a des passions, des préférences, des émotions et des désirs. Ils peuvent soit être autorisés à s'épanouir pleinement, soit être placés sous le contrôle de la Volonté. Mais il ne faut pas confondre Volonté et Obstination. Un enfant obstiné n'a pas une volonté assez forte pour garder ses passions et son tempérament sous contrôle. Il en est au contraire l'esclave. Seule la Volonté nous permet de prendre le contrôle de nos vies.

Une mère qui veut renforcer la Volonté chez son enfant devrait lui enseigner à changer ses pensées pour de plus plaisantes lorsqu'il s'ennuie, qu'il se sent blessé, offensé ou tenté. Un enfant capable de changer ses pensées comme il le souhaite saura plus tard résister aux mauvaises tentations.

C'est là le secret des grands hommes: une parfaite maîtrise de l'intellect. Tous ont cette capacité de ne pas se laisser envahir l'esprit et d'utiliser les idées comme on utilise des outils.

Ce pouvoir requiert une excellente capacité de concentration, et c'est la raison pour laquelle Charlotte insiste tant sur l'apprentissage de l'attention avec les tout-petits. L'obéissance est elle aussi fondamentale pour renforcer la Volonté: obéir ne sert pas justement à ce que le parent se simplifie la vie, ce n'est pas pour lui mais pour l'enfant. Chaque acte d'obéissance, même le plus petit, apprend à l'enfant à maîtriser ses propres désirs. Il faut le féliciter à chaque fois qu'il dépasse ses pulsions, parce que chaque petite victoire de la volonté doit être fêtée: c'est un pas de plus vers la maîtrise de soi.

2- La conscience.

La Volonté autorise l'enfant à prendre le contrôle de ses actions, mais c'est la Conscience qui lui dit lesquelles choisir. Or une conscience instruite et efficace ne va pas toujours de soi.

Nous savons tous à quel point nous pouvons être tentés par de mauvaises choses. Nous savons que c'est mal mais on se répète que ce n'est pas si grave jusqu'à ce que nous le pensions vraiment. Une bonne Conscience demande une parfaite connaissance du bien et du mal, et elle doit être entraînée à choisir le bien: pour le parent et pour celui qui enseigner c'est sans aucun doute la tâche la plus délicate.

Faire réfléchir l'enfant sur des questions de morale théorique n'apporte rien: il n'a pas encore la maturité pour pouvoir donner une opinion sur ce qui est bien ou mal dans une situation complexe. Les petits livres qui terminent par une morale autoritaire ne sont pas non plus formidables: il faut privilégier les livres qui mettent en scène de méchants et des gentils, des actes honnêtes et des erreurs, et laisser l'enfant tirer ses propres conclusions. On peut tout simplement lui lire la Bible. La mère devrait parler brièvement avec l'enfant des belles valeurs que sont la bonté et la bienveillance, et de la joie que l'on peut avoir lorsque le coeur est dans l'action. Sans en faire des tonnes: juste pour leur donner des exemples de personnages aux comportements positifs.

L'enfant n'a pas besoin de catéchisme ou de cours de morale: il apprendra lui-même, grâce au récit, à distinguer le bien et le mal. Il faut aussi veiller à ce que l'enfant ne prenne pas l'habitude de critiquer les autres: il devrait commencer par juger sa propre conduite. L'idée n'est pas d'en faire une personne nombriliste, obsédée par ses propres motivations et désirs, mais de l'amener à se poser des questions sur son comportement.

3- L'aide de Dieu

Charlotte nous a parlé des bons comportements, de l'éducation par les sens, de la raison, de la volonté et de la conscience. Toutes ces vertus, si elles ont été correctement stimulées, feront de l'enfant un honnête citoyen. Mais il lui manquera quelque chose de crucial: un enfant est n'est pas juste un citoyen amené à obéir aux lois de la cité, il a une âme divine qui a soif de contacts avec Dieu. Placer le Seigneur au coeur de l'éducation de l'enfant est la plus haute mission des parents.

N'utilisons pas le nom de Dieu pour effrayer l'enfant. Les parents ne devraient enseigner que ce en quoi ils croient et ne pas s'étendre en sermons dont ils ne sont pas sûrs. Les leçons de Bible ne doivent pas être trop fréquentes, elles devraient avoir lieu au moment où l'enfant est réceptif. Les lectures ne doivent pas non plus être un prétexte pour reprocher une bêtise: on ne veut pas ennuyer ou dégoûter l'enfant. Les parents peuvent veiller à mentionner le nom de Dieu lorsqu'ils rendent grâce: «Regarde quelle magnifique journée le Seigneur nous offre!». Tout cela doit être le plus simple et naturel possible.

Tome 2
Parents et enfants

Ce tome regroupe 26 articles parus dans le mensuel Parents' review.

I- La famille

Jean-Jacques Rousseau, malgré tous ses défauts (il força son épouse à abandonner à l'assistance publique leurs cinq enfants), a révolutionné grâce à l'*Emile* toute notre vision de l'enfance. Ses écrits influencent aujourd'hui encore la façon dont nous prenons soin des enfants et dont nous les éduquons. Rousseau a été le premier à dire aux parents que leur devoir d'éducation était plus important que tout le reste et qu'ils devaient s'y dévouer tout entiers. Il a remodelé le coeur des pères. Mais les parents ont besoin de plus: la recommandandation de s'impliquer dans l'éducation des enfants n'est pas suffisante si on n'explique pas comment le faire.

On peut voir la famille comme une petite communauté qui en dépit de sa taille fonctionne exactement comme une nation; d'ailleurs les nations sont faites de familles. La propriété du groupe est partagée entre ses membres: chacun a de la valeur, chacun a un rôle dans la cohésion. Un bébé, même s'il ne travaille pas pour la communauté, n'a pas moins de valeur que les autres et on ne lui donne pas moins que la part de nourriture qui lui revient. Aucune famille ne devrait être isolée, elle devrait faire partie d'un réseau de familles unies par des relations de cohésion et d'entraide. C'est exactement comme une petite nation: si une famille se replie sur elle et ne pense qu'à ses propres intérêts, les autres la percevront comme barbare. Chaque famille devrait contribuer à l'effort de la nation en ayant un rôle actif dans la société. Tous les membres ont le devoir de s'impliquer dans l'éducation des plus jeunes, pour que les enfants apprennent qu'on ne vit pas juste pour soi: on sert une famille mais aussi un pays.

Les enfants ne devraient pas être si gâtés et protégés dans leur propre famille qu'ils ne verraient pas l'intérêt de sortir, de se tourner vers la communauté et d'apprécier l'amitié d'autres familles aux fonctionnements différents.

II- Les parents dans le rôle du chef

Si on imagine la famille comme une petite nation, son gouvernement devrait être une monarchie bienveillante et avisée. Les parents doivent absolument avoir l'autorité finale. Un parent qui abdique son autorité abdique sa parentalité tout entière. Et celui qui délègue l'autorité à un employé (une gouvernante,un éducateur, un instituteur) lui délègue en même temps les pleins pouvoirs: l'employé devient le parent, et obtiendra de droit le respect et l'affection de l'enfant. Les enfants indisciplinés, qu'on autorise à «faire ce qui est juste à leurs yeux», parce que le parent craint de perdre l'amour de son enfant en exerçant son autorité, obtient tout l'inverse: l'adulte perd toute autorité et l'enfant va chercher une autre personne pour endosser à ses yeux le rôle de parent référent. Les parents doivent absolument en avoir conscience: lorsqu'il sont obligés de s'absenter ou qu'ils sont dans l'incapacité d'assumer leur rôle, ils doivent absolument se faire remplacer par une personne de confiance et de bonne influence .

La grande mode est à la famille «démocratique»: les enfants ont le droit de vote dans les décisions importantes.

Mais un parent qui veut obtenir le respect et l'affection de l'enfant doit accepter l'autorité exigée par sa fonction: il n'est pas un président élu, la famille n'est pas une démocratie. Son travail est d'éduquer l'enfant, et il ne peut le faire qu'en exigeant le repect, la loyauté et l'obéissance à la maison. Si l'enfant n'apprend pas ces valeurs à la maison, il ne les apprendra nulle part ailleurs. Le père ou la mère doit à ses enfants, à sa nation, et à Dieu d'assumer correctement son rôle éducatif. La manière dont l'enfant perçoit ses parents influence sa perception de Dieu: parfois aimant, sage et rassurant, ou au contraire faible et fragile, dur et froid...

Les enfants n'appartiennent pas à leurs parents: les hommes et les femmes qu'ils deviendront auront une incidence directe sur le pays. Lorsqu'un gouvernement pense que les parents font un mauvais travail d'éducation, contraire à ses intérêts, il prend la décision d'élever les enfants lui-même, en se passant des parents. Et c'est une tragédie parce que les enfants élevés ainsi, par le gouvernement, dans des écoles standardisées, ne reçoivent aucune éducation à la foi: les états n'ont que faire de l'enseignement religieux. Les enfants élevés par l'état n'apprennent rien non-plus sur le fonctionnement d'une famille et sur l'amour fraternel. Leur seule allégeance est envers l'état. Pour éviter cette dérive les parents doivent à tout prix garder l'autorité éducative et élever les enfants à être de bons citoyens.

Mais l'autorité parentale a ses limites. L'autorité doit être bonne pour l'enfant, elle ne doit pas conférer au parent un sentiment de puissance malsain. Les décisions doivent se faire dans l'intérêt de l'enfant, en prenant en compte ses besoins mais aussi ses préférences. L'adulte ne doit pas non développer un besoin de vivre à travers l'enfant. Son autorité ne doit pas nuire à l'autonomie de son petit, qui doit être responsabilisé dès qu'il est en âge de prendre ses propres décisions. Après tout c'est sa vie, il doit prendre l'habitude de réfléchir et de décider pour lui-même.L'enfant doit savoir que l'allégeance envers les parents est un dû, exactement comme l'allégeance envers son pays et envers Dieu; ce n'est pas juste «pour faire plaisir aux adultes». Un enfant qui a assimilé cela risque moins de se rebeller.

Même si l'émancipation est graduelle et que l'enfant gagne son autonomie petit à petit, il y a un moment où c'est fini, il est temps de se retirer. Quand l'enfant a atteint sa majorité ses parents doivent absolument arrêter d'exercer leur autorité, même s'il vit encore sous leur toit. Il doit être traité comme un adulte à part entière: ce n'est plus un enfant. Il doit décider lui-même de ses fréquentations et de la manière dont il veut dépenser son temps et son argent. S'il est incapable d'exercer ses reponsabilités et de se prendre en charge... c'est que nous avons mal fait notre travail en amont, il est de toute manière trop tard pour changer quoi que ce soit.

Les familles qui fonctionnent le mieux maintiennent l'ordre et la paix sans une discipline constance. Ses membres exécutent volontiers ce qui leur incombe parce qu'ils sont heureux de faire ce qu'on leur demande, pas par crainte de la punition au moindre pas de travers.

III- Les parents comme modèles

Tous les grands hommes ont eu une bonne maman pour les inspirer. Le proverbe «*Instruis l'enfant selon la voie qu'il doit suivre; Et quand il sera vieux, il ne s'en détournera pas*» (proverbes, 22:6) ne cesse de se confirmer. Il y a des exceptions, bien sûr, mais globalement les adultes sont le fruit de l'éducation qu'ils ont reçue. Un enfant hérite d'un certain nombre de tendances et de prédispositions, qui lui confèrent des talents et des défauts qui lui sont propres. Mais il n'est pas condamné à vivre en fonction de ses tendances naturelles. Grâce à l'éducation de ses parents, et avec l'aide du Saint-Esprit, il peut apprendre à prendre le contrôle, à minimiser ses défauts et à consolider ses plus nobles qualités. Le comportement peut vraiment changer l'esprit et le corps: on peut entraîner un enfant à développer de bonnes habitudes au point de remodeler son esprit et son corps. Cette possibilité de changer la façon dont les enfants pensent et agissent on ne l'a qu'une seule fois: elle dépend de notre implication dans leur éducation. Construire une personnalité est un processus si long et fastidieux qu'on peut souvent perdre de vue l'objectif final, c'est pourquoi il faut absolument toujours s'en souvenir, prendre du recul et garder une vue d'ensemble.

IV- Pour grandir l'esprit se nourrit d'idées

Nous venons d'évoquer les fonctions éducatives des parents: ils sont les bâtisseurs du comportement des enfants, en agissant directement sur leur état d'esprit et sur leurs habitudes. Mais ce qu'ils ont de plus important à offrir, ce sont des idées. On a longtemps pensé que les enfants naissent comme une page blanche et qu'il suffit à l'éducateur de la remplir correctement. Puis Johann Pestalozzi (*auteur et pédagogue suisse, pionnier de la pédagogie moderne*) a émis l'idée qu'il fallait d'abord préparer l'esprit de l'enfant pour qu'il «apprenne à apprendre»; mais leurs esprits naissent friands de connaissances, ils n'ont pas besoin d'être préparés! Pestalozzi ne songe qu'à préparer un vase déjà prêt, plutôt que de s'occuper de le remplir. Friedrich Fröbel (*pédagogue allemand, créateur du concept d'école maternelle*) est allé encore plus loin dans les affirmations de Pestalozzi en préconisant de développer différentes capacités distinctes chez l'enfant.

C'est ça l'école maternelle: les philosophies de Pestalozzi et de Fröbel emballées dans une institution. Un seul objectif: «préparer les enfants à apprendre». Mais la science nous permet de comprendre que cette vision des choses n'est pas tout à fait exacte. L'hérédité compte, chaque enfant est si unique que seule une éducation «sur-mesure» est envisageable. Le corps et l'esprit de l'enfant sont déjà prêts pour apprendre, ils n'ont besoin d'aucune préparation puisqu'ils sont nés pour regarder, comprendre et progresser. L'enfant a juste besoin d'un bon guide et d'un environnement qui lui permette de faire ce qui lui est naturel: apprendre. Eduquer ce n'est pas «préparer les enfants à apprendre»: l'éducation c'est la vie, d'ailleurs le terme «élever» est beaucoup plus juste. Et dans cette tâche les parents sont beaucoup plus que des sculpteurs... ils sont la première source d'inspiration des enfants. Comprendre ce qu'est l'éducation, et ce que devrait en être l'objectif nous permet de choisir une méthode pour progresser. Une fois qu'on a compris que les enfants sont déjà prêts à apprendre on peut oublier les méthodes rigides et les concepts théoriques qui ne servent qu'à leur embrouiller l'esprit.

Il suffit d'une seule petite idée pour allumer un feu capable de brûler toute une vie. Notre travail d'éducateur est d'exposer l'enfant à un maximum de belles et grandes idées: il a besoin d'une grande quantité de matière noble pour bâtir sa propre vie. Toutes les idées ne sont pas perçues de la même manière par les enfants: certaines trouvent un écho immédiat, tandis que d'autres mettent du temps à faire leur chemin. La bienveillance et l'attention devraient faire partie de l'air que l'enfant respire sans même s'en rendre compte. Prenons le temps de nous poser, avant de perdre le contrôle devant lui dans un excès d'impatience et de colère. Chaque idée naît comme une petite graine dans l'esprit: les évènements et les différentes situations vont agir sur elle comme le soleil et l'eau. Si elle évolue dans un bon environnement, la graine plantée s'épanouira correctement.

Un éducateur ou un parent doit choisir avec beaucoup d'attention son chemin éducatif et il doit l'emprunter en ayant une idée très précise du but à atteindre. Pendant leurs années d'éducation les enfants se débarrassent de tout, sauf des idées qui les ont nourris. Plutôt que de se préoccuper de savoir quelles idées resteront et lesquelles seront oubliées, les parents devraient se soucier de toutes les idées que reçoit l'enfant. Les mauvaises s'impriment avec la même facilité que les bonnes, il faut donc être très vigilant: l'enfant doit évoluer entouré d'idées nobles. Aucun mensonge n'est bon pour élever correctement un enfant: ceux qui se donnent bonne conscience pour justifier leurs mensonges enseignent à l'enfant que l'on peut prendre ses propres arrangements avec la vérité.

V- Les choses de l'Esprit

La plus haute mission des parents est de parler de Dieu aux enfants. Comment pouvons-nous les préserver du doute? Si nous ne leur apprenons pas à affronter les moqueries nous en faisons injustement des gens désarmés face à l'adversaire. Leur fournir quelques preuves dogmatiques peut les aider à se protéger, mais c'est loin d'être suffisant puisque les découvertes scientifiques peuvent contrecarrer leurs arguments. On devrait plutôt leur apprendre à penser par eux-mêmes, à affiner leur sens critique en dépit de la pensée unique.

Les enfants devraient apprendre très tôt que ce n'est pas parce que quelque chose est écrit dans un livre que c'est forcément vrai. Nous devons les aider à aller chercher les réponses que nous ne connaissons pas nous-mêmes. Ils devraient respecter les avancées scientifiques et comprendre que les théories actuelles peuvent être remplacées par de nouvelles théories contradictoires: certaines choses de ce monde sont encore bien mystérieuses pour les hommes. La première fois que l'enfant réalise que des idées lui viennent à l'esprit et que ses réflexions lui appartiennent, c'est une grande surprise pour lui. Il va apprendre qu'il peut contrôler ces pensées et examiner chacune d'entre elles pour savoir s'il l'autorise ou non. Même les très jeunes enfants peuvent le comprendre: ils ont déjà tout-petits une certaine compréhension de ce qui est une bêtise, ils peuvent ressentir de la culpabilité et de la honte. Ils ne sont jamais trop jeunes pour apprendre que Dieu est une source de réconfort. C'est exactement cette perception que nous voulons que les enfants aient de la religion: en les exposant très jeunes aux écritures nous les aidons à affiner leur perception du bien et du mal, et avec elle la connaissance des bonnes et des mauvaises idées.

VI- Les idées primaires

Si les statistiques sont vraies, que la plupart des gens sont croyants depuis l'enfance, alors les parents sont les premiers à transmettre aux enfants l'amour de Dieu juste en les éduquant. Quelle est la meilleure manière de le faire? La Bible est pleine de mauvais personnages qui justifiaient leurs mauvais comportements. Les massacres de l'Histoire sont un autre exemple de ce qui peut arriver quand la raison d'un peuple est défaillante: les hommes peuvent justifier toutes sortes de choses terribles quand leurs valeurs sont malades. Or les valeurs s'acquièrent durant l'enfance.

Les valeurs importantes s'ancrent très tôt et profondément dans l'esprit. Charlotte les appelle les «idées primaires». Elles forment le socle sur lequel l'enfant construit sa propre logique. Si le socle est malsain, la logique est déviante. Les mères devraient rappeler aux enfants que Dieu n'est jamais loin, et que sa présence est un cadeau. Elles devraient lui rendre grâce souvent et éviter d'employer un langage trop guindé dans leurs prières: cela donnerait aux enfants l'impression que Dieu est lointain et peu accessible.

Si les parents prient joyeusement et naturellement dans un langage courant, Dieu fera partie de la vie de leurs enfants. Ils ne sont jamais trop jeunes pour savoir que les chrétiens sont au coeur de la bataille entre le bien et le mal, et que la victoire fait partie du plan. Chaque tout petit ressent de la culpabilité vis à vis de ses fautes, il est bon de lui apprendre le côté spirituel de la morale et surtout chaque enfant doit savoir que Dieu pardonne.

VII- Le parent professeur

Certains parents attendent l'âge scolaire pour commencer à penser à la discipline et à l'éducation. A leurs yeux les jeunes enfants devraient vivre une vie totalement libre et heureuse, pleine de bons souvenirs, à se construire une personnalité tout seuls... «leur professeur s'occupera de les instruire plus tard»! En agissant de la sorte on nuit à la fois à l'enfant et au professeur.

Les enseignants réussissent beaucoup mieux à éduquer des enfants qui ont déjà une bonne maîtrise d'eux-mêmes et de bonnes habitudes. Or les enfants qui sont autorisés à grandir libres comme des vignes sauvages prennent des habitudes très difficiles à changer plus tard. Un enseignant peut réussir à inculquer à un enfant un semblant de discipline, mais dès qu'il n'est plus derrière son dos cet enfant retourne très vite à ses mauvaises habitudes: c'était juste pour le spectacle. Un enfant qui a pris l'habitude d'être vautré dans la paresse par manque de discipline a sans doute de formidables capacités mais il n'en fera jamais rien, parce qu'il n'a pas jamais appris quand il était petit à avoir un comportement fécond. Si l'on attend l'âge scolaire pour commencer à éduquer un enfant, il sera sûrement trop tard.

Mais les tendances égoïstes ne sont-elles pas normales chez l'être humain? Oui, elles le sont sans doute, mais comme un champ en jachère se remplit de mauvaises herbes, un enfant laissé à l'état naturel a tendance à développer le minimum de ses capacités. Le bon jardinier arrose, élague et désherbe pour avoir un jardin magnifique. Comme lui, les parents doivent travailler la discipline, arroser les bons côtés pour qu'ils fleurissent et arracher les mauvaises herbes que sont les défauts pour les remplacer par de bons comportements. C'est exactement ce que Charlotte veut dire par *«l'éducation est une discipline»*: la première éducation de l'enfant se fait par l'apprentissage de la maîtrise de soi.

Et par discipline, Charlotte ne veut surtout pas parler des châtiments corporels. Discipline vient du latin disciplina: le disciple, celui qui suit pour apprendre. Un parent intelligent amène l'enfant à vouloir le suivre pour apprendre. Pas par la force, mais en lui donnant un bon exemple attractif, par la persuasion. Petit à petit, jour après jour, le parent exploite chez l'enfant ce qu'il y a de meilleur en lui et réduit ses défauts.

VIII- La culture du personnage

L'hérédité a peut-être donné à l'enfant des caractéristiques innées, mais il n'est pas pour autant condamné à en être esclave. Chaque enfant naît avec de la curiosité, de l'affection et un attrait pour la beauté: il est possible d'utiliser ces penchants naturels pour l'amener à de bons comportements. Les petits aiment apprendre des choses sur ce qui les entoure et si on leur laisse énormément de temps libre en extérieur, plutôt que de les occuper avec des leçons formelles trop jeunes, alors ils aimeront forcément la nature. Les enfants ont un désir ardent de créer, ils aiment s'exprimer par l'art: l'énergie créatrice est déjà en eux, elle n'a pas besoin d'être développée. Les enfants naissent peut-être avec des talents, des dons et des tendances, mais faire de ce avec quoi ils sont nés une personnalité noble est la plus grande réussite qu'on puisse espérer pour eux. Ils ne sont pas condamnés à être victimes des défauts dont ils ont hérité: leurs parents peuvent les aider à les surpasser, en nourrissant et en encourageant leurs qualités.

Une qualité a besoin de quatre choses pour fleurir: de la pratique, de la nourriture sous forme d'idées, de la souplesse d'esprit et du temps libre pour jouer et réfléchir. Le cerveau est un muscle vivant qui développe de nouveaux tissus; cette fabrication demande du temps et du repos. Sans repos et sans souplesse (si on ne pense plus qu'à la qualité à acquérir) l'enfant risque de devenir égocentrique et obsédé par la réussite dans un seul domaine, comme ces génies incapables de fonctionner dans le monde réel.

Les enfants devraient être assez fiers de leur nom et de la réputation de leur famille pour savoir qu'ils ne devront jamais apporter la disgrâce par un mauvais comportement. L'excentricité et au contraire l'amertume peuvent être proscrits si l'enfant sait que son comportement peut rendre les autres plus heureux et le monde un peu meilleur. Encourager une attitude d'amabilité et de politesse à l'égard des autres peut aider les introvertis et les «bizarres» à se détourner de leur obsession. Le génie le plus doué est inutile dans ce monde s'il enfouit son don sous ses bizarreries et qu'il ne parvient pas à le partager pour le bien de l'humanité.

IX- Traiter les défauts

Le but ultime, quand on éduque un enfant, est de réussir à remplacer ses défauts par des qualités, et de nourrir les qualités sans pour autant les laisser devenir des défauts (un leader naturel peut devenir tyrannique, un enfant gentil peut devenir menteur pour éviter de heurter qui que ce soit, ...). Les enfants devraient savoir que chacune de leurs qualités a une grande valeur, ils devrait la chérir, mais il ne faut pas en faire des tonnes non plus. Une qualité bien employée l'est au service des autres. Le leadership par exemple doit être utilisé pour protéger plutôt que pour commander; et un enfant gentil doit savoir que l'amour véritable ne se cache pas derrière le mensonge.

Même ce qui semble faire partie intégrante de la personnalité d'un enfant peut être traité et remplacé par un bon comportement. Charlotte donne l'exemple d'un petit garçon cruel et malveillant. La punition n'est pas la solution, et pourtant on ne peut pas laisser vivre un tel trait de caractère dans l'espoir que l'enfant s'en défasse tout seul avec le temps! Comment peut-on le rendre meilleur? On devrait lui confier des tâches d'entraide et de gentillesse, pour qu'il comprenne la joie qu'on peut ressentir lorsqu'on fait une bonne action. Il faudra à sa mère des trésors de patience... mais n'aurait-elle pas pris tout le temps nécessaire pour guérir l'enfant s'il avait été physiquement malade? L'âme a plus de valeur que le corps, elle doit être l'objet de plus d'attentions encore. La mère doit observer continuellement l'enfant et le distraire par une tâche dès qu'elle voit germer en lui une mauvaise intention; la distraction devrait être une tâche utile, un petit travail d'intérêt général comme mettre la table ou aider à préparer le repas... A chaque fois que l'enfant va faire un acte malveillant, sa mère est là pour l'envoyer faire une petite course: ses mauvaises pensées disparaîssent. Avec beaucoup de temps et de patience l'enfant perd l'habitude de commettre des actes de cruauté: la gentillesse s'inscrit dans son comportement à la place de la méchanceté. De nouveaux tissus cérébraux remplacent les anciens, mais ces nouveaux tissus sont créés pour s'adapter au comportement de l'enfant: désormais l'enfant est physiquement différent, il est devenu meilleur.

Un enfant parvient beaucoup mieux à se dépasser et à donner le meilleur s'il a déjà une bonne maîtrise de lui-même. Sans oublier qu'un enfant qui a de bonnes habitudes est beaucoup plus facile à vivre pour tout le monde.

X- Les leçons de Bible

L'école du dimanche a été créée pour les enfants de parents athés; elle est à l'instruction religieuse ce que l'assistance publique est à l'éducation. C'est un service nécessaire pour les enfants de parents peu instruits ou trop usés par le travail pour pouvoir assumer leur tâche éducative. Les enfants de croyants devraient apprendre à connaître Dieu à la maison. Les parents sont les meilleurs instructeurs pour leurs enfants: ils ne devraient pas accepter que la plus grande partie de l'éducation des enfants soit faite par des étrangers (hommes d'église, instituteurs...). Ayons tout simplement confiance en la Bible : lisons-la régulièrement, et transmettons notre propre foi en en parlant naturellement.

XI- L'éducation civique

L'éducation c'est la science de la vie, un domaine scientifique qui demande la meilleure intelligence pour comprendre les mécanismes d'apprentissage des enfants. Comment élever la génération suivante pour en faire des citoyens responsables? La réponse implique beaucoup de recherches sur la nature de l'homme, la morale et la science. Charlotte mentionne Felix Adler et son idée d'enseigner une morale laïque. Pour lui, la morale résulte d'un désir inné chez l'enfant de faire le bien. Mais pour Charlotte, sans Dieu, quelle est sa motivation pour faire le bien? La Bible doit absolument faire partie de l'enseignement de l'enfant parce que respecter Dieu est une merveilleuse motivation morale.

C'est aussi un livre merveilleux au point de vue de la richesse poétique, philosophique, historique et éthique.

Les contes de fées et les mythes devraient être racontés en abondance aux enfants. Felix Adler pensait que ces histoires risquaient de rendre les enfants superstitieux, et qu'il était dangereux de leur présenter des personnages mauvais, diaboliques. Charlotte au contraire estime qu'il est important que l'enfant affronte le mal pour la première fois dans les contes de fées, plutôt que tard dans la vraie vie: comment affronter la cruauté à l'âge adulte, si on a grandi dans une bulle de gentillesse? Les enfants devraient aussi écouter des fables, puis de grands récits classiques comme l'Iliade. En revanche Adler place la Bible dans la liste des ouvrages à étudier plus tard, au même titre que les mythes grecs. Pour Charlotte ce sont des choses qui n'ont rien à voir. L'enfant ne devrait même pas avoir le souvenir d'un temps où il n'a pas entendu d'histoires de la Bible tant elles doivent faire partie de son quotidien. Il n'y a pas d'âge pour commencer: même s'ils sont encore trop jeunes pour analyser les écritures, ils bénéficient de son enseignement moral.

Toutes les Bibles ne sont pas appropriées aux enfants, et la difficulté est d'en trouver une adaptée: assez belle et riche pour les inspirer, qui ne soit pas trop simplifiée. L'Iliade et l'Odyssée regorge d'aventures palpitantes pour les petits garçons, elles leur parlent de bravoure, d'amitié, de devoir! Même si Felix Adler ne le reconnaît pas, c'est un ouvrage aussi religieux que la Bible, avec ses contes et ses interventions divines. On n'a pas besoin d'expliquer la morale de chaque récit: les enfants la comprennent très bien: ils ne passeront pas à côté.

XII- La philosophie, un instrument éducatif

Charlotte cite, en français dans le texte, un écrit de Madame de Staël au sujet de Locke, philosophe anglais précurseur des Lumières:

«Hobbes prit à la lettre la philosophie qui fait dériver toutes nos idées des impressions des sens; il n'en craignit point les conséquences, et il a dit hardiment que l'âme était, soumise à la nécessité comme la société au despotisme. Le culte des tous les sentiments éléves et purs est tellement consolidé en Angleterre par les institutions politiques et religieuses, que les spéculations de l'esprit tournent autour de ces imposantes colonnes sans jamais les ébranler. Hobbes eut donc peu de partisans dans son pays; mais l'influence de Locke fut plus universelle. Comme son caractère était moral et religieux, il ne se permit aucun des raisonnements corrupteurs qui derivaient nécessairement de sa métaphysique; et la plupart de ses compatriotes, en l'adoptant, ont eu comme lui la noble inconséquence de séparer les résultats des principes, tandis que Hume et les philosophes français, après avoir admis le système, l'ont appliqué d'une manière beaucoup plus logique.

La métaphysique de Locke n'a eu d'autre effet sur les esprits, en Angleterre, que de ternir un peu leur originalité naturelle; quand même elle dessécherait la source des grandes pensées philosophiques, elle ne saurait détruire le sentiment religieux, qui sait si bien y suppléer; mais cette métaphysique reçue dans le reste de l'Europe, l'Allemagne exceptée, a été l'une des principales causes de l'immoralité' dont on s'est fait une théorie pour en mieux assurer la pratique.»

Nous avons tendance à trop penser à la méthode, en oubliant que l'esprit n'est pas une machine mais un organe vivant, qui se nourrit d'idées. A l'époque de Charlotte la réforme éducative suivait une méthode scientifique rigide, elle négligeait l'étude des grands classiques, qui sont pourtant une excellente nourriture pour l'esprit!

Nous pouvons, nous devons même, utiliser les nouvelles approches liées aux découvertes scientifiques... mais elles ne doivent pas remplacer le reste! La science de l'éducation est une très bonne chose car elle nous permet d'avoir à l'esprit une progression logique dans les apprentissages de l'enfant, matière par matière. Mais l'éducation c'est plus que de la littérature, des sciences, et quelle langue étrangère on va étudier... toutes ces considérations doivent être unifiées avec cohérence par une vraie philosophie éducative. Charlotte pense que son approche répond à ce besoin en éduquant la personne tout entière: son intelligence, son âme et son esprit. Se focaliser durant la petite enfance sur le comportement plutôt que sur les connaissances formelles prépare l'enfant à devenir un membre actif et productif dans la société.

Votre seul pouvoir sur l'enfant est l'inspiration: vous ne pouvez pas le forcer à penser de telle ou telle manière. Peu importe la manière dont l'éducation cherche à le faire rentrer dans le moule, les idées d'un enfant lui appartiennent, et nous n'avons aucune idée de quelles idées s'imprimeront en lui pour former sa personnalité. C'est la raison pour laquelle il faut toujours veiller à ce que l'enfant soit tout entier baigné de belles idées nobles et inspirantes et le laisser choisir celles dont il se servira pour se construire. Trop insister sur une idée bien précise aura l'effet inverse: il risque de s'en lasser et de la rejeter. Une fois qu'on a compris que l'enfant pioche dans son environnement les idées qui lui plaisent, on est beaucoup plus attentif au choix des idées qui l'entourent: il n'en choisira qu'une partie et nous n'avons aucun moyen de savoir lesquelles.

L'éducation est faite de beaucoup plus que des données sèches et du par-coeur. Nous devrions éviter de perdre notre temps et celui de l'enfant en lui présentant des idées médiocres qui ne le rendront pas plus noble. Plutôt que de lui faire apprendre une liste de dates de batailles, pourquoi ne pas lui lire les récits de ces batailles et les actes héroïques qui y ont eu lieu? Plutôt que de juste lui enseigner les formules de mathématiques, lisez-lui l'histoire de la découverte de ces formules. Grâce à cette méthode la connaissance devient passionnante, vivante!

XIII- La foi nourrit l'homme

Si Dieu a créé le monde et tout ce qui s'y trouve, alors tout est sacré. Nous n'entrons pas dans un état sacré lorsque nous pensons à Dieu, pour retomber dans la banalité lorsque nous nous remettons à penser à la routine et à nos besoins physiques. Il ne devrait y avoir aucune séparation. S'il y en a une c'est que notre vision du monde est faussée. C'est cette séparation entre le spirituel et le reste qui pousse les personnes laïques à vouloir éradiquer toute influence religieuse dans l'éducation, mais qui pousse aussi certains croyants à prohiber certains sujet parce qu'ils les trouvent inapropriés (comme les découvertes scientifiques par exemple). En vérité les deux sont indissociables: en écarter un provoquerait un grand déséquilibre. Nous ne pouvons pas enlever le spirituel de nos vies ou de l'éducation de nos enfants. Le faire engendrerait une génération de personnes seules, vides, n'attendant que la satisfaction de leurs désirs personnels.

La foi, ce n'est pas seulement une croyance mystique en quelque chose de surnaturel. La foi c'est la confiance qu'on peut avoir en quelqu'un d'autre, aujourd'hui manifestée par la maxime *«innocent jusqu'à preuve du contraire»*. La confiance est vitale dans nos relations avec les autres; d'ailleurs les enfants, dont la foi impressionne souvent les adultes, font confiance à tout le monde. La foi religieuse, ce n'est rien de plus que la confiance qu'on place dans la personne de Dieu. Avoir la foi et la transmettre sont les objectifs les plus importants dans l'éducation de nos enfants.

XIV- Les parents doivent transmettre l'impulsion héroïque

La poésie épique s'inspire de grands hommes en rupture totale avec le quotidien et la vie de leurs contemporains. La littérature moderne manque cruellement de poésie épique comme Homère ou Beowulf. Beowulf est un exemple admirable pour l'émulation de l'esprit des enfants: il est brave, noble, bon, loyal, sa foi est inébranlable! A la mort du roi il aurait pu revendiquer le trône, mais il a préféré placer sa confiance dans le très jeune prince. C'est un parfait exemple de protecteur sage et juste. Pour toutes ces raisons Beowulf devrait faire partie de l'imaginaire des enfants.

XV- Est-ce possible?

Quand nous sommes face à la possibilité d'aider une personne dans le besoin, par exemple devant le bâtiment de l'armée du salut, nous essayons d'avoir le coeur droit... mais nous doutons. Même si l'armée du salut avait des fonds illimités, pensons-nous vraiment que les hommes peuvent changer? Si nous pensons qu'il est impossible pour l'ivrogne de se sevrer ou pour l'enfant éduqué dans une épouvantable misère sociale de s'en sortir... comment pouvons-nous croire que le monde entier peut être sauvé?

Certains ont la triste habitude de boire et de vivre dans la débauche, cette habitude fait partie de leur comportement... or comme Charlotte le répète souvent «le comportement fait l'homme». Le cerveau d'un alcoolique s'est transformé pour s'adapter à sa mauvaise habitude, mais l'enfant de cet homme n'a pas le même vice: son cerveau est encore malléable, il a autant de chances que les autres enfants de développer de bons comportements. S'il reçoit une bonne éducation précoce, l'hérédité ne l'empêche pas de réussir sa vie. Tous les comportements sont remplaçables par de meilleurs: aucun n'est indélébile si nous agissons assez tôt. Quand nous aidons un de ces enfants à adopter de bonnes habitudes, nous l'aidons à avoir une vie meilleure. Si chacun de nous fait sa part autour de lui dans la transmission de bonnes habitudes, alors nous pouvons attendre le même résultat que le fermier qui après avoir semé attend patiemment la récolte.

XVI- La discipline

Discipline ne veut pas dire punition. La punition ne devrait pas être la principale façon de discipliner un enfant. Certains enfants apprécient même les punitions: elles leur permettent d'attirer l'attention sur eux et de se sentir comme les personnages martyrisés de leur imaginaire. En revanche peu d'enfants aiment décevoir leurs parents.

Une tape va sûrement empêcher un enfant de faire une bêtise, mais il y a presque toujours de meilleurs moyens d'attirer son attention. Il faut trouver un moyen d'entrer dans son imaginaire, tenter de comprendre son fonctionnement intellectuel pour l'amener à vouloir changer de lui-même. Pour développer un bon comportement, de bonnes habitudes de courtoisie, d'ordre et d'honnêteté sont plus efficaces que les fessées. Une mère qui passe son temps à râler après ses enfants ne leur a pas correctement enseigné de bonnes habitudes puisqu'elle doit sans cesse les rabâcher. Il faut six à huit semaines pour qu'une habitude soit vraiment acquise. C'est seulement au terme de ce temps que le cerveau s'adapte et que l'habitude fait partie de la personnalité.

Charlotte donne l'exemple d'une fillette dont le désir de connaissance (qui est une excellente chose) est allé trop loin et s'est transformé en curiosité indiscrète. Le remède est de convaincre l'enfant que se remplir l'esprit avec des informations futiles n'a aucune valeur, et de lui présenter tant de choses intéressantes à étudier qu'elle n'aura plus le temps de chercher à fouiller dans les vies des autres.

XVII- Les sensations et les sentiments

Les parents n'ont pas besoin d'être experts en nutrition pour nourrir les enfants: en général leur bon sens suffit. Mais quelques informations scientifiques peuvent aider, et encore plus lorsqu'il s'agit d'éducation.

Nous savons que nous percevons les choses grâce à nos cinq sens. Mais la manière dont nous ressentons la peur et tous ces autres sentiments abstraits est beaucoup plus mystérieuse. C'est une bonne chose d'apprendre à un enfant à nommer ses sentiments: il faut aller au-delà de la marmelade habituelle «c'est joli!». N'ayons pas peur d'être précis. Les tout-petits veulent tout savoir de ce qu'ils voient: les camions, les animaux, la route, les travailleurs... en leur donnant des livres au lieu de leur montrer directement les choses, si jeunes, nous risquons de tuer leur curiosité naturelle et d'en faire des adultes incapables d'observer, hermétiques au détail, incapables de différencer un chêne d'un orme. L'observation de la nature est le meilleur moyen d'encourager le désir naturel de l'enfant pour la connaissance, et de développer leur attention au détail. Les enfants devraient avoir mille occasions de manipuler des cailloux, des éponges, du pain, du charbon... tout ce qu'ils peuvent! Ils devraient pouvoir comparer le plus de choses possibles: une pierre n'est pas juste «lourde», elle est plus lourde que *quoi*? Ils devraient être encouragés à décrire tous les aspects de chaque chose: sa forme, sa couleur, sa taille... Un oeil attentif est une des plus belles qualités qu'on puisse avoir.

Apprendre à distinguer les sons en fermant les yeux et en prenant le temps d'écouter la différence entre les bruits de pas des membres de la famille, les chants des oiseaux, le vrombissement des voitures, ... sont des activités passionnantes, elles aiguisent l'oreille et préparent l'enfant à apprécier la musique.

Développer l'odorat est très sain pour l'enfant. Certains sont capables de sentir de subtiles vaiations dans l'air d'une pièce, révélateurs d'un air pur et frais, ou au contraire d'une atmosphère polluée voire dangereuse. Pour s'y exercer les enfants peuvent fermer les yeux et tenter de distinguer le parfum de différentes fleurs, ou même la fragrance de l'herbe après la pluie. On peut aussi exercer leur goût en jouant à leur bander les yeux pour leur faire reconnaître des saveurs. Au sujet du goût justement, pour Charlotte forcer un enfant à manger ce qu'il n'aime pas l'amène juste à le détester encore plus. En revanche il peut apprendre à utiliser sa maîtrise de lui-même pour surpasser ses préférences alimentaires.

Les Indiens d'Amérique étaient parfaitement entraînés à écouter, voir, sentir: leurs sens étaient très développés: c'est une excellente chose que d'éduquer un enfant comme un petit Peau-Rouge durant ses six premières années!

En plus des points déjà évoqués l'enfant devrait être capable de distinguer les couleurs et leurs nuances; les variations de température entre la laine, le bois, le fer, le marbre, la glace; il devrait apprendre à utiliser un thermomètre; savoir trier des objets en fonction de leur solidité; avoir l'oeil et la sensibilité pour distinguer les textures; il devrait, en somme, être capable en quelques minutes de récolter une foule d'informations sur un objet: sa forme, sa texture, sa taille, son poids, ses qualités, ses parties, ses caractéristiques... il devrait déduire tout cela juste en regardant et en manipulant l'objet, plutôt qu'en étudiant les choses directement dans des livres.

Les enfants dont les sens sont aguerris apprennent plus vite et ils mémorisent beaucoup mieux. Cet entraînement sensoriel doit être fait sous forme de jeu, en tournant autour d'un objet et en laissant l'enfant le décrire, ou encore en bandant les yeux d'un enfant pour lui faire reconnaître au toucher différentes choses. Les possibilités d'activités et de jeux autour des sens sont infinies!

XVIII- Le rôle des parents dans l'éducation sentimentale

On se souvient même des années après d'un sentiment ou d'une sensation qui a été délicatement enregistrée dans l'esprit. Le parfum des fleurs, l'ampleur des paysages, le chant des oiseaux... tous ces souvenirs peuvent être stockés pour que nous puissions plus tard, comme Marcel Proust, faire rejaillir ces petits élixirs de vie. Notre rôle est de veiller à ce que les enfants prennent le temps de voir, d'entendre, de sentir et de ressentir la nature: les souvenirs de moments heureux sont vitaux. D'ailleurs, pourquoi ne pas essayer d'affiner nos sens en même temps qu'eux: en partageant ces moments nous les rendrons encore plus mémorables pour eux.

Mais les expériences sensorielles acquises par nos cinq sens ne sont pas les mêmes que les sentiments et les émotions que chacun vit de façon très personnelle. On associe juste un mot à une vague sensation de plaisir mais il est très difficile de nous souvenir de ce que nous avons vraiment ressenti: la langue n'a pas assez de mots pour décrire toutes les nuances des sentiments. Pourtant ce sont des souvenirs très précieux: ils peuvent nous motiver pour des actes de bonté par exemple. Les sentiments ne sont peut-être ni objectifs, ni basés sur la réalité, mais ils sont réels puisque nous les percevons. Certains voient du mauvais dans tout lorsque d'autres n'y voient que du bon. Nos sentiments sont sans cesse influencés: par nos humeurs mais aussi par de beaux parleurs sachant jouer avec nos émotions.

Les sentiments peuvent être éduqués pour modifier le comportement. La plupart du temps, dans les écoles publiques, on émousse et on standardise les sentiments plutôt que de les éduquer. L'éducation sentimentale ne peut pas être faite en masse dans les écoles, elle doit être faite de façon individuelle, et les parents sont évidemment les mieux placés pour ce travail. Comment agir? L'outil de travail est le tact: un regard, un geste, pour susciter le sentiment recherché (on peut provoquer la honte chez un enfant en lui lançant un regard chargé de reproches, ou au contraire lui faire ressentir de la fierté avec un simple sourire). C'est beaucoup plus efficace que n'importe quel cours.

Le respect ne s'enseigne pas, il s'attrape. Si nos enfants voient que nous respectons les choses nobles, ils le feront eux aussi. Avoir un esprit positif est un cadeau pour affronter la vie: un esprit critique et pessimiste, qui dévalue tout, n'est pas heureux. Toutes ces choses sont du domaine des sentiments, on ne peut pas les enseigner par la logique; les enfants les apprennent en nous observant. Pour ménager les sentiments de nos enfants nous devrions faire attention, au sein de nos familles, quand nous plaisantons sur les autres. Un commentaire fait par un membre de la famille a un poids énorme, encore plus si c'est un adulte. On ne devrait jamais rire des aspects les moins glorieux d'un enfant.

Nous ne devrions pas non plus conforter un enfant qui est trop centré sur lui, qui a un besoin permanent d'avoir notre opinion sur ce qu'il fait. Ce type d'enfant a besoin qu'on attire son attention sur autre chose; autrement il risque de passer sa vie entière à se demander ce que les autres pensent de lui plutôt que d'aller vers les autres.

XIX- Qu'est ce que la vérité?

Les enfants, même s'ils sont encore immatures et qu'ils ont besoin d'être guidés, portent en eux les plus belles qualités humaines: la confiance, l'imagination et l'amour. Ils ne sont pas nés tout entiers pétris de vérité et de vertu, ni au contraire pleins de mensonge et de vice: chacun d'entre eux a simplement la possibilité d'aller d'un côté ou de l'autre. Le mensonge n'est pas un comportement en lui-même: il n'est qu'un symptôme. L'enfant ment pour impressionner, ou parce que les détails sont sans importance pour lui. Trouver la cause du mensonge est beaucoup plus difficile que de simplement punir un enfant qui ment, mais c'est absolument nécessaire.

Les enfants qui déforment la vérité pour cacher leurs bêtises sont sûrement trop dans l'introspection; ils ont besoin de passer plus de temps à des occupations extérieures, pour penser à autre chose qu'à eux-mêmes. Les enfants qui mentent pour endosser la responsabilité des autres le font par désir d'héroïsme, pour protéger: leur seule faute est d'accorder plus de valeur à la loyauté qu'à la vérité. Certains enfants ne reconnaissent pas leurs propres mensonges, pour eux c'est simplement leur version des faits. Les mensonges inspirés par l'égoïsme sont les plus difficiles à cerner parce qu'on doit composer avec l'égoïsme.

Les enfants à qui on ne raconte pas assez de contes de fées peuvent avoir tendance à se les créer tout seuls, en se fabriquant tout un imaginaire et en le racontant comme si c'était réel. Ces enfants devraient avoir de nombreuses occasions de jouer à faire semblant, mais ils ont aussi besoin d'apprendre la frontière entre le jeu et la réalité: on devrait les encourager, quand on leur pose des questions sur ce qui s'est passé, à ne rapporter que les faits et rien de plus.

Chez certains enfants le mensonge est un vrai problème. Les enfants qui ne sont pas appréciés tels qu'ils sont par exemple peuvent prendre l'habitude de mentir pour gagner l'affection des autres, ou même de mentir pour déprécier les autres. Ce comportement est beaucoup plus sérieux, il montre un désordre affectif qui nécessite sûrement l'aide d'un professionnel.

XX- Montrer pourquoi

La question «pourquoi?» est souvent le premier pas vers la réflexion quand on cherche à prendre du recul sur des actions que nous perpétuons par tradition. Avoir un esprit critique est quelque chose de très positif.

Nos enfants peuvent se demander pourquoi nous les éduquons, et la réponse qu'ils perçoivent dicte leur comportement. Est-ce que nous pensons que l'éducation sert à rafler les meilleures études et le meilleur travail? Si c'est le cas nos enfants vont voir l'apprentissage comme du bachotage tout juste utile à passer des tests. Attention, le désir d'excellence n'est absolument pas une mauvaise chose! Vouloir savoir beaucoup de choses et chercher à obtenir un travail financièrement confortable sont des désirs tout à fait naturels. Mais ces désirs doivent être équilibrés: un enfant devrait être avant tout motivé par la curiosité, plus que par la compétitivité. Une part de lui devrait aimer l'éducation juste pour en savoir plus. Les très jeunes enfants aiment collectionner les informations, ils aiment savoir et apprendre. Malheureuseuement les écoles éteignent ce désir, parce que les enseignants n'ont pas le temps de répondre aux questions sans fin que se pose chaque élève en particulier, et parce que le désir d'apprendre est remplacé par un désir de compétitivité: il faut être le meilleur pour «impressionner les autres». Il faut diminuer l'importance des examens pour que les enfants recommencent à aimer apprendre juste pour la joie que procure la connaissance.

XXI- Un projet éducatif

Les enfants des différentes classes sociales ont des besoins différents, leur éducation doit prendre en compte ces différences. Les écoles actuelles ont tendance à vouloir donner la même éducation à tous les enfants pour leur donner les mêmes chances. Mais ce ne sont pas les mêmes enfants à la base: aucun pays européen n'a une société si homogène qu'on puisse éduquer tous les enfants de la même manière. En leur donnant la même éducation, on amplifie au contraire leurs différences. Les enfants des classes les plus pauvres ont besoin en priorité d'enrichir leur vocabulaire, il leur faut absolument plus de mots pour s'exprimer. Les enfants de la classe ouvrière a besoin d'exemples et d'occasions de développer leur imaginaire: dans leur esprit le travail ne laisse pas la place au jeu. Les enfants choyés et cultivés ont sûrement un vocabulaire très riche et beaucoup d'imagination, mais ils ont plus besoin de savoir comment les vraies choses fonctionnent.

Pour tous, la priorité est d'apprendre de bonnes habitudes, de développer un bon comportement et de nobles pensées. La seconde priorité est de les remplir d'idées vivantes pour les inspirer. Les leçons devraient encourager les bonnes habitudes que sont l'attention, la précision et la réactivité. Les idées sont certes «juste» du domaine de la pensée, mais c'est la pensée qui fait l'homme: *Cogito ergo sum, Je pense donc je suis.* Les adultes ont appris à discerner le bien et le mal, mais les enfants ont encore besoin de leurs parents pour filtrer les idées qui leur sont présentées. Tout en prenant garde à ne pas négliger les mathématiques, la grammaire, les exercices logiques... qui développent les capacités mentales, nous devons rester vigilants à la qualité des idées qui nourrissent l'esprit de l'enfant. Une bonne connaissance de la nature, un esprit critique friand de connaissance, des livres riches d'idées vivantes sont autant de choses que nous pouvons leur offrir pour leur apprendre à aiguiser leur propre perception plutôt que de leur dire directement quoi penser.

Les enfants ne sont pas si différents de nous: ils veulent savoir les mêmes choses. Ils sont programmés pour grandir à leur propre rythme et si nous leur présentons assez d'idées ils sauront y piocher exactement ce dont ils ont besoin. C'est dans leur nature. Chaque enfant a un droit d'accès à la connaissance; notre travail est simplement de leur en fournir à foison et de les laisser se servir.

XXII- Un credo de la théorie éducative

Les enfants sont nés avec des capacités physiques et intellectuelles innées. Mais indépendamment de ses gènes, chacun est appelé à devenir une personne tout à fait unique. C'est la raison pour laquelle le développement de la personnalité devrait être notre toute priorité éducative. La personnalité est l'ensemble des comportements et des mécanismes de pensée. Chacun a des prédispositions, qui peuvent influencer sa conduite, mais il est tout à fait possible d'influencer la conduite par l'apprentissage de nouvelles habitudes. N'importe quelle mauvaise habitude peut être modifiée en étant remplacée par une nouvelle habitude, en y travaillant jusqu'à ce que le nouveau comportement soit devenu naturel.

Nous avons tous des idées qui flottent dans notre esprit en permanence, et nous en avons à peine conscience. La plupart de ces pensées sont si ancrées en nous qu'elles dictent nos actes sans que nous le réalisions vraiment. Pour changer le comportement, c'est sur ces pensées qu'il faut agir. Prenons l'exemple de l'avidité: elle peut germer toute seule dans l'esprit de l'enfant, mais un enseignant intelligent plante l'idée de la générosité pour équilibrer l'enfant. N'oublions jamais que l'avidité est un comportement aussi naturel que la générosité. Les bonnes et les mauvaises habitudes germent avec la même facilité dans un esprit, nous devons veiller sans relâche à envelopper l'enfant d'idées qui inspirent le bon et non le mauvais.

Les personnes bien élevées sont dotées d'habitudes vertueuses: l'assiduité, le respect, la douceur, la confiance, la rapidité, la politesse, la propreté... Ce n'est pas tout d'inspirer de belles idées une fois de temps en temps: pour qu'une vertu devienne une habitude, il faut s'entraîner sans relâche. Tant que ce n'est pas parfaitement acquis, à chaque fois que l'enfant oublie de bien se comporter, il recule dans son apprentissage de la bonne habitude. Il faut six semaines de «soins intensifs» pour qu'une nouvelle habitude soit parfaitement ancrée au point de faire partie de la personnalité.

Nous avons l'impression que les pensées entrent dans notre esprit de manière totalement aléatoire, sans que nous y soyons pour quoi que ce soit. En réalité c'est notre mode de pensée qui nous rend perméable à certaines idées et au contraire imperméable à d'autres. Toute notre perception est influencée par nos idées antérieures. Nos conclusions dépendent d'un raisonnement intellectuel qui nous est propre: nous avons tous des idées préconçues, bâties à la lumière de nos expériences. Puisque notre raisonnement n'est jamais tout à fait objectif nous ne pouvons pas être certains que nos conclusions sont justes. D'ailleurs une fois qu'on a pris une décision, peu importe laquelle, on peut toujours se trouver mille raisons logiques pour la justifier: elle n'est pas forcément juste pour autant. Ce n'est pas la conclusion qu'il faut juger ou tenter de justifier: il vaudrait mieux prendre du recul sur le mécanisme de réflexion qui a conduit à cette prise de décision, puis juger de sa valeur; comme on ne juge pas une conclusion scientifique sur sa valeur en tant que telle, mais en examinant l'exactitude de tout le processus d'étude qui y a conduit.

Comment apprendre aux enfants à faire cela? Nous devons leur apprendre qu'ils sont des humains comme les autres. Ils sont libres de faire le bien, mais aussi de faire le mal, tout en justifiant leurs mauvaises actions par diverses raisons. Prenons l'exemple d'un enfant jaloux de son frère. Il croule presque sous les preuves pour se convaincre qu'il a bien raison d'être en colère. Le jeune Caïn se réveille avec un simple soupçon. Toute la journée il trouve de nouvelles «preuves» que son frère est indiscutablement le préféré: tout semble amer à celui qui est aigri. Mais si l'enfant avait de vraies raisons d'être jaloux? Trouver la source du raisonnement est le seul moyen de comprendre s'il est viable ou non. Ce n'est pas parce qu'un raisonnement nous semble logique qu'il l'est pour autant: il faut prendre du recul et remonter à la source. Savoir cela est le meilleur des garde-fous.

Pour Charlotte les idées peuvent être converties en mots, en texte, en musique, en art... et toutes les belles idées émanent de Dieu, qu'elles soient spirituelles ou laïques. Le livre d'Isaïe dit d'ailleurs que Dieu lui-même a planté l'idée de cultiver la terre dans l'esprit des hommes. Les mauvaises idées n'ont pas été créées par Dieu, mais elles sont là, autour de nous, et notre devoir est de les reconnaître et de toujours privilégier les bonnes idées pour influencer nos actions. En tant qu'éducateurs notre devoir est de faire le tri, de n'offrir en abondance que de belles idées aux enfants. Ce n'est que comme cela qu'ils apprendront à les reconnaître et qu'il affineront leur sens critique à l'égard de leurs propres raisonnements.

L'éducation est une discipline: celle d'apprendre de bonnes habitudes.

L'éducation est une vie, qui se nourrit d'idées.

L'éducation est une atmosphère: l'enfant respire l'air qui émane de ses parents.

Les leçons devraient faciliter l'acquisition des bonnes habitudes, et distiller des idées si nobles dans le coeur des enfants qu'apprendre se fera toujours dans la joie. Le programme «scolaire» devrait être généreux, et très varié. Les parents qui ont compris que l'éducation forge le caractère prouvent à la société combien il est important de se consacrer pleinement à son travail d'éducateur. L'éducation est une atmosphère, une discipline, une vie.

XXIII- D'où nous partons

Charlotte est heureuse à l'idée que des parents consciencieux suivent ses recommandations, et elle espère que cela aura une influence sur le futur, lorsque leurs enfants auront grandi. Les générations précédentes pensaient que les enfants naissaient d'une certaine manière et qu'il était difficile de les changer. Ils faisaient avec le caractère de l'enfant pour tenter de lui inculquer des valeurs. Charlotte est convaincue du contraire: pour elle les enfants naissant comme des petites personnes déjà complètes, avec la même intelligence que les adultes: il leur manque juste la connaissance et l'expérience.

Il est tout à fait surprenant d'ailleurs d'observer le bond intellectuel que fait un enfant durant sa première année. Il s'adapte à un nouveau monde, apprend à distinguer les distances, solide et plat, grand et petit, et des centaines de nuances dans son environnement. A ce rythme on est à peine surpris d'apprendre que John Stuart Mill maîtrisait le grec ancien à cinq ans, qu'Arnold âgé de trois ans sait nommer tous les monarques britaniques à la simple vue de leur portrait, ou encore qu'un bébé à l'oreille musicale est capable de reproduire une mélodie classique.

Charlotte fut un jour surprise de s'apercevoir que certains enfants étaient capables d'apprendre deux langues à la fois avec une facilité déconcertante. Elle raconte avoir fait la connaissance d'un gentleman marié à une allemande, en poste à Bagdad. Leur petit garçon de trois ans exprimait tout ce qu'il avait à dire en trois langues, avec la même fluidité dans chacune: allemand, anglais et arabe, en utilisant systématiquement la langue de son interlocuteur.

«Nana, qui Dieu aime le plus: les petits garçons ou les petites filles?» avait demandé une petite fille de quatre ans. «Oh, les petites filles, c'est certain» lui avait répondu Nana pour lui faire plaisir. «Alors si Dieu aime plus les petites filles, pourquoi n'est-il pas une petite fille Lui-même?». Nous sommes des adultes cultivés, pourtant aurait-on réussi à trouver un argument aussi irréfutable? Si cette même petite fille, en observant des corbeaux dans un cerisier, demande «Si les abeilles font le miel, les oiseaux font-ils la confiture?» ce n'est pas une question absurde, ça prouve juste que les grandes personnes réfléchissent moins que les petites aux mystères de la nature.

C'est exactement comme ça que sont tous les enfants: dotés d'une intelligence vive, d'une logique aiguisée, d'une capacité d'observation plus alerte, d'une plus grande sensibilité morale , et d'un amour, d'une foi et d'un espoir plus aboutis. En fait, ils sont des adultes au superlatif... mais ils sont ignorants. Ils naissent parfaitement intelligents, mais ignorant tout sur le monde, les us et coutumes et surtout totalement ignorants de la manière dont ils peuvent maîtriser et contrôler toutes les capacités avec lesquelles ils sont nés.

Les anciens pensaient que si un enfant est bon, il sera heureux. Aujourd'hui la société a tendance à croire le contraire: on considère qu'un enfant doit être heureux pour devenir bon. C'est oublier que seul celui qui a appris à se maîtriser a appris à vivre: avoir eu une enfance heureuse ne suffit pas.

Toutes ces considérations montrent d'où nous partons, avec quelle matière et dans quel état nous commençons chaque éducation: voyons maintenant où nous allons.

XXIV- Où nous allons

Certains scientifiques prétendent que nous ne sommes rien de plus que le résultat d'un processus évolutif. Nous savons que l'homme est plus. Il a un esprit pour aimer, comprendre, questionner. Puisque les enfants aiment, comprennent et questionnent même souvent mieux que les adultes (dont les sens se sont durcis avec le temps), on peut supposer que Dieu les a dotés d'un esprit déjà complet. Un enfant naît certes totalement ignorant, mais la sagesse est valable pour tout le monde, quel que soit le degré de connaissance. Nous insultons les enfants si nous sous-estimons leurs capacités et en les traitant avec condescendance.

Si nous avons compris que les enfants sont pleinement capables d'appréhender de vraies idées, alors nous ne devons pas les prendre de haut ou leur faire perdre du temps avec du matériel pédagogique spécifique et sans valeur pour eux.

Nous voulons élever la génération suivante pour qu'elle aime la nature, pour qu'elle apprenne à la comprendre directement par ses observations et pour qu'elle développe ainsi un esprit scientifique et une bonne capacité d'observation. Nous voulons que la prochaine génération apprécie l'art, mais pas juste dans un but artistique: nous voulons leur inspirer des idées nobles grâce à de belles oeuvres. Nous voulons des enfants qui aiment les livres de la plus haute qualité littéraire. Des enfants friands de temps pour dévorer leurs lectures. Nous ne voulons leur offrir que la plus noble, la plus inspirante et la plus vivante des littératures.

Nous voulons des enfants dotés d'empathie, que nous leur enseignons en lisant des récits de personnes qui se trouvent dans des situations moins confortables que la leur. Ils devraient être suffisamment au courant de l'actualité pour savoir qu'il existe des conflits, des génocides, de la misère... ne cédons pas à la tentation de les élever sous cloche par peur des ravages sur leurs coeurs sensibles, laissons-les ressentir de la tristesse pour ceux qui souffrent; *Charlotte cite le génocide arménien.*

XXV- La reconnaissance

Charlotte évoque les explications de John Ruskin - *écrivain, poète, peintre et critique d'art anglais, instruit en famille-* sur une fresque florentine. Cette peinture représente l'esprit de Dieu offrant des cadeaux aux hommes: l'art, les sciences, la vertu, les mathématiqques... La fresque montre que les dons de Dieu ne se limitent pas aux choses de la religion: l'art, la grammaire, la littérature, les sciences, les mathématiques en font partie. Puisque toutes les idées viennent de Dieu, on ne peut pas distinguer instruction religieuse et instruction «laïque». Les connaissances les plus basiques telles que comment faire un feu, comment cultiver un champ, comment réparer une roue... sont aussi nobles que les autres.

On peut enseigner avec confiance quand on sait que toutes les vérités, aussi basiques et communes qu'elles soient, sont des vérités de Dieu. Dieu est à l'oeuvre quand on apprend à un enfant à utiliser son couteau et sa fourchette: toutes les leçons, des connaissances quotidiennes aux mathématiques en passant par la grammaire, sont aussi divines et importantes que les leçons de Bible. Nos enfants n'ont pas besoin de rejeter Dieu pour s'accomplir dans leur vie intellectuelle. Ils n'ont pas besoin de choisir entre la science et la religion parce qu'ils ne font qu'un. D'ailleurs même la connaissance peut avoir un côté obscur: *science sans conscience n'est que ruine de l'âme,* nous voulons que nos enfants soient toujours éclairés dans leur vie et dans leurs choix. Sans foi, la science est bancale.

Les enfants sont comme nous : ce qui nous ennuie les ennuie aussi, et nous ne devrions jamais leur donner des leçons qui ne nous intéresseraient pas. Personne n'a envie de mémoriser des listes de dates et de faits; les enfants non plus. Ils veulent apprendre des choses intéressantes sur les choses et sur les gens. Ils veulent de vrais livres, des livres vivants, pas des manuels scolaires qui diluent et simplifient la connaissance qu'ils cherchent. Ils veulent de la vraie musique, pas des pages d'exercices simplifiés. Ils veulent du vrai art, pas des images enfantines mignonnes et édulcorées. Le monde, la connaissance et les idées sont si reliés qu'on ne peut pas faire des leçons scolaires compartimentées sans perdre l'intérêt de l'enfant.

Si vous avez besoin de faire des économies, faites-le sur tout le reste, sur tout le superflu... mais par pitié n'économisez pas sur les livres: l'enfant a besoin de livres vivants en abondance; ils sont vitaux pour le développement de sa vie intellectuelle.

L'enfant veut le meilleur et il le mérite.

XXVI- L'enfant éternel

Ce sont les enfants qui font de Noël une joie et qui donnent au monde sa fraîcheur. Chaque naissance nous rappelle le miracle de la vie, et le caractère sacré de chacun de nous. Chacune nous rappelle que nous sommes nous aussi des enfants de Dieu. Les petits enfants nous enseignent l'humilité: ils n'ont pas une trop haute opinion d'eux; ils ne font pas de fausse modestie; ils ne sont pas remplis de doutes sur leurs capacités ni d'inquiétudes sur leurs moyens de subsistance.

En grandissant on devrait les encourager à ne pas accorder trop d'importance aux petits inconforts comme le froid, un vêtement déchiré ou encore la fatigue. L'enfant qui passe son temps à dire «J'ai froid, je suis fatigué, ma veste me gratte...» risque fort de devenir râleur ou hypocondriaque. Les enfants qui passent leur temps à se plaindre sont trop centrés sur eux pour être humbles. Il est évident qu'une exception doit être faite pour l'enfant malade ou invalide, mais dans un contexte normal nous ne rendons pas service aux enfants en accordant trop d'importance aux petites complaintes. Charlotte ne préconise en aucun cas de mettre l'enfant «à la dure», au régime spartiate! Il ne faut surtout pas durcir les conditions de vie de l'enfant pour l'endurcir. Notre rôle est simplement de détourner son attention pour que l'enfant ne s'écoute pas «trop»; il doit juste apprendre à penser à autre chose qu'à un petit inconfort ou à la manière injuste dont il a été traité. Il ferait mieux de penser aux autres, à comment il peut partager et donner, à ses propres devoirs et aux droits des autres. Un enfant qui pense plus aux autres qu'à lui reste un enfant humble.

Tome 3
L'éducation à l'école

Dans ce livre Charlotte évoque l'enseignement et les contenus des programmes dispensés aux enfants de neuf à douze ans.

I- La docilité et l'autorité à la maison et à l'école

De grands changements ont eu lieu dans les relations entre les enfants et les adultes. Elles sont aujourd'hui beaucoup plus amicales, franches et intimes. Mais lorsque la relation maître/serviteur était encore la norme, les enfants étaient vus plus qu'écoutés, ils ne pouvaient poser aucune question. Les rares enfants qui se faisaient remarquer rentraient vite dans le rang. Charlotte raconte que quand elle était petite, les responsables de la maison étaient plus autoritaires que le Tsar de toutes les Russies! L'enfant recevait tout de leurs mains: du lait au pain en passant par l'amour maternel, avec plus ou moins de gratitude mais toujours avec cette invariable docilité.

John Stuart Mille, John Ruskin, Lawrence, Tennyson,... ont tous écrit des biographies dans lesquelles ils racontent ces enfances au martinet, sous le joug d'une terrible autorité.

Charlotte rapporte une vieille histoire: un garçon de douze ou treize ans était sorti pour tuer des lapins. La nuit est déjà noire quand il rentre à la maison. Il est encore tout engourdi par le froid quand son père lui demande s'il a bien fermé le portail à l'entrée du parc:
«L'as tu fermé?
-Je ne sais plus
-Va voir».

Le garçon s'exécute, même s'il est épuisé et que le portail est à plus d'un kilomètre de marche. Une telle scène arriverait difficilement aujourd'hui. Le garçon protesterait, s'épancherait sur sa fatigue, supplierait qu'on envoie quelqu'un d'autre... et encore, il le ferait seulement si la fermeture du portail était une question de vie ou de mort, ce qui n'est pas précisé dans la petite histoire. Ce père était tout à fait le genre d'homme aimé et respecté: la règle arbitraire et l'obéissance sans faille étaient l'habitude dans les maisons. On ne peut pas dire que ce fut un échec total: les enfants élevés ainsi ont grandi plutôt capables. Comme souvent tout était question de bon sens: les parents cultivés et intelligents utilisaient leur autorité à bon escient, là où d'autres exagéraient (Charlotte cite l'exemple d'un père écossais ayant enfermé sa fille de dix-huit ans une semaine dans sa chambre, sans aucune raison, juste pour lui apprendre la discipline!).

Les avancées modernes devraient permettre d'améliorer les choses: un enfant qui n'a pas peur de poser des questions permet à l'adulte de lever plus facilement ses doutes par exemple. Le tout est de trouver un juste équilibre entre une soumission totale à l'autorité et au contraire une éducation sans règles. Tout homme a besoin d'autorité: une équipe a besoin d'un capitaine, une armée a besoin d'un général... sans autorité c'est l'anarchie et le chaos. Même si la soumission à l'autorité nous semble parfois superflue il est naturel pour les hommes de suivre un chef.

II- Les mécanismes de l'autorité

Charlotte raconte plusieurs passages de la biographie d'Augustus Hare, _The Story of My Life_. La mère adoptive du jeune garçon est l'exemple parfait de tout ce qu'il ne faut pas faire: elle aimait profondément Augustus, mais elle n'avait absolument rien compris à son rôle de mère.

Alors que l'enfant n'avait eu droit jusqu'ici qu'à du rôti de mouton et du pudding de riz pour le dîner, on a parlé devant lui des gâteaux les plus délicieux, jusqu'à ce qu'Augustus en soit devenu non pas avide, mais extrêmement curieux. Le grand moment arriva: les appétissantes pâtisseries furent apportés à table. L'enfant tendit le bras pour y goûter mais on les lui arracha et on lui demanda de se lever pour les apporter à un pauvre du village.

Voici une autre anecdote: «Même les plaisirs du dimanche furent gâtés en été, lorsque ma mère céda à une suggestion de Tante Esther, selon laquelle je devrais être enfermé dans la sacristie de l'église entre les services. Bien malheureuses furent les trois heures que j'ai dû y passer chaque semaine, avec un sandwich pour dîner; et, même si je ne m'attendais pas à voir des fantômes, l'isolement total de l'église d'Hurstmonceaux, loin de toute présence humaine, donnait à mon emprisonnement un caractère terrifiant.»

Mrs Hare, comme beaucoup d'autres, a fait de son mieux, mais elle est tombée dans l'autocratie, un régime politique où un seul individu détient le pouvoir, alors qualifié de personnel et absolu. La vraie autorité ne dépend pas juste du bon-vouloir de celui qui l'exerce! Mais l'autocrate est un tyran impatient, il guette le moindre faux pas pour punir et montrer «qui commande». Sur les enfants l'autocratie exerce à long terme un terrible désir belliqueux: l'enfant cherche par tous les moyens comment s'opposer à la tyrannie qui l'oppresse. L'autorité, à l'inverse, est bienveillante. Elle respecte les limites qui lui sont données. Les instituteurs par exemple ont autorité sur le temps scolaire mais pas sur l'heure du coucher ou sur la façon dont l'argent est dépensé. La reine Elizabeth est un excellent exemple de bon dirigeant. Elle savait quand intervenir et quand s'abstenir de le faire et dans les deux cas, elle le faisait avec tact. Elle connaissait ses limites et savait écouter l'avis de conseillers plus avertis qu'elle. Elle plaçait les intérêts de ceux qu'elle servait -son peuple- avant les siens.

Les parents devraient commencer l'apprentissage de l'obéissance à partir d'un an. Obéir devrait impliquer quelques efforts physiques, «tiens toi droit» par exemple: ces aspects physiques de l'obéissance entrainent le petit enfant à obéir à ses parents de façon mécanique. Un enfant qui a appris à obéir a pris un bon départ dans l'apprentissage de la maîtrise de soi. Après tout, nous sommes tous capables de belles intentions, mais seuls ceux qui ont la maîtrise suffisante pour transformer leurs intentions en actions réussissent.

N'est-ce pas suffisant d'encourager les enfants à écouter la voix de leur conscience? C'est nécessaire, en effet, mais ce n'est pas suffisant. Les enfants doivent certes apprendre à choisir les bonnes décisions, mais ils peuvent surtout apprendre à s'épargner beaucoup d'efforts en automatisant certaines décisions. Prendre des décisions est une des activités les plus fatigantes qui soient. On le voit nous-mêmes: devrais-je acheter cette qualité de tapis ou une autre? Envoyer mon garçon à cette école ou à celle-là? ... c'est harassant!

Maud est nerveuse, irritable, hyper-active, maniaque de l'organisation, elle commence à pâlir et à développer des troubles obsessionnels compulsifs. Un médecin est consulté; il donne un diagnostic de sur-pression: Maud doit se reposer, arrêter les leçons durant six mois, changer d'air et arrêter le lait. Mais l'enfant ne va pas mieux: ses parents mettent du temps à comprendre que ce ne sont pas les leçons qui épuisent Maud, mais le poids des décisions qu'elle a à prendre vingt fois par jour. Chaque petit point de la routine quotidienne est discuté: rien ne va de soi, rien n'est automatique; la petite fille est tout simplement usée.

La routine est reposante: elle épargne de nombreuses prises de décisions superflues et libère l'esprit pour les décisions importantes. Par exemple prendre l'habitude de se lever chaque jour à la même heure évite d'avoir à prendre la décision de l'heure où on doit se lever. Comme la routine, l'obéissance a un côté reposant pour les enfants: ils se laissent porter par certaines décisions qui ne sont pas de leur ressort. Les mères font de bons dirigeants à la maison parce qu'elles savent, en dépit de leur autorité, faire preuve de compassion et de gentillesse envers les enfants. Celles qui ont entraîné leurs enfants à obéir facilitent le quotidien de tout le monde: même les enfants les plus difficiles sont plus

faciles à éduquer quand ils ont pris de bonnes habitudes.
N'ayons pas peur de l'autorité: elle est un aspect de l'amour
et les enfants le savent très bien!

III- L'inaction magistrale

En tant qu'adultes nous ressentons tous de l'anxiété face à nos responsabilités. Les hommes portent ce poids plus facilement que les femmes parce qu'ils sont pour la plupart habitués à ce que chaque jour de travail comporte son lot de choses à faire. Les femmes sont plus cérébrales, elles ont tendance à penser en permanence à leurs responsabilités, alors que les hommes le font de façon intense et passionnée. *Du moins c'est ainsi que Charlotte concevait les différences entre les sexes à son époque!*

Les parents ont tous la lourde responsabilité de bien éduquer leurs enfants. Savoir ce qu'on a à faire est stressant si on ne sait pas comment le faire: les moments les plus angoissants dans la vie sont ces instants d'ignorance entre le moment où l'on apprend qu'on va devoir faire quelque chose, et celui où on sait comment faire pour y arriver. Les parents impliqués veulent tant en faire pour leurs enfants... mais en faire trop peut nous rendre surprotecteurs . Parfois le mieux qu'on puisse faire est de les laisser assez longtemps pour qu'ils puissent expérimenter seuls et se faire leurs propres idées. C'est ce que Charlotte appelle l' «inaction magistrale».

L'inaction magistrale n'a rien à voir avec la négligeance, ce n'est pas une attitude de «laisser-aller». Il s'agit de rester en retrait alors qu'on pourrait intervenir, juste pour laisser l'enfant prendre le contrôle; le laisser faire seul, rassuré par la présence d'une autorité parentale pas trop loin de lui, juste au cas où! Sans les limites de cette autorité les enfants ont une grande liberté mais ils ne sont pas vraiment libres. Le second élément important dans l'inaction magistrale est l'humour: franc, cordial, naturel. Rien à voir avec un copinage dans lequel l'adulte cède aux caprices de l'enfant. L'humour va avec la force, le copinage avec la faiblesse: les enfants saisissent très bien la différence.

«Oh maman, pouvons-nous aller cueillir des mûres cette après-midi au lieu des leçons?»; la mère peut très bien accepter l'idée avec joie et décider de faire de cette cueillette improvisée un jour de fête, tout en gardant le contrôle. Mais une mère qui se résigne à dire oui parce qu'elle a peur de s'opposer aux souhaits de son enfant fait preuve de faiblesse.

Les parents devraient avoir assez confiance en leur autorité pour ne pas se sentir obligés de tout expliquer, de se taire ou d'avoir peur de prendre des décisions. Les mères ne doivent pas prendre leurs enfants pour leurs serviteurs en les accablant de tâches au point qu'ils manquent de temps pour être seuls. Les parents devraient faire confiance à leurs enfants, se dire qu'ils sont capables de prendre les bonnes décisions. S'ils ont fait du bon boulot dans leur travail d'éducateurs alors ils peuvent et doivent leur faire confiance. Les parents devraient être assez intelligents pour savoir de quoi leurs enfants sont capables, et les laisser faire sans être sans cesse sur leurs dos.

L'enfant devrait être assez libre pour avoir l'occasion de prendre de bonnes décisions. Il doit se sentir libre de faire ce qui lui plait, tout en sachant au fond de son coeur qu'il n'est pas *vraiment* libre de faire ce qui est mal. Les enfants à qui on dit d'être bons mais qui n'ont aucune autorité au-dessus d'eux vont soit mal agir dès qu'ils en auront l'occasion, soit se retrouver totalement démunis au moment de prendre la plus petite décision. Nous le ressentons d'ailleurs très bien en tant qu'adultes: nous sommes libres de respecter la loi ou de la transgresser, mais en général, comme nous avons une vague idée du système pénal en place, nous évitons de choisir une carrière criminelle!

Les mères devraient être détendues, parce que la nervosité est contagieuse; elle rend les enfants querelleurs. Elles devraient être sereines, à l'image des Madones que nous idéalisons dans les oeuvres d'art. Chacune devrait avoir la possibilité d'avoir du temps pour elle, seule, pour lire, marcher dehors, aller à la galerie d'art... faire tout ce qui pourrait lui rafraîchir l'esprit.

Les enfants devraient avoir du temps pour leurs loisirs, sans pression ni excès. Petits et grands sont trop stressés quand le quotidien devient une course contre la montre: ménageons-nous du temps!

IV- Les droits des enfants en tant que personnes

Les enfants devraient être libres de jouer: une bonne éducation ne se fait jamais au détriment du jeu. Les jeux «dirigés» sont précieux pour apprendre l'endurance et le respect des règles et on peut instaurer des routines ludiques à la maison et dans les écoles, mais tout cela ne devrait jamais empiéter sur le temps de jeu libre dont les enfants ont besoin. Et ils en ont besoin en très grande quantité! Ils faut les laisser imaginer leurs aventures, sans adultes pour leur dire comment le faire. Garçons et filles doivent pouvoir inventer des épopées, partir en aventures, vivre des vies héroïques, tenir des sièges et construire des forts... même si la forteresse est un vieux fauteuil à bascule! Il faut se garder d'intervenir: imaginez que vous soyez un général en plein commandement et que votre mère vienne vous dire de lacer vos chaussures! Il faut cesser de croire qu'il faut apprendre aux enfants à jouer, comme Froebel avec ses écoles maternelles.

Mais nous avons aussi tendance à trop intervenir dans le travail des enfants. Par exemple pour l'art, nous devrions leur apprendre à tenir un pinceau et à se servir de la peinture puis simplement rester en retrait et les laisser exprimer leur propre créativité. Ils feront sûrement les choses différemment de ce que nous aurions voulu, mais c'est ainsi qu'ils apprendront à connaître leurs capacités et qu'ils développeront leur propre sensibilité artistique.

Les enfants doivent réussir ou échouer par leurs propres efforts. Plutôt que d'avoir en permanence quelqu'un sur leur dos pour qu'ils finissent un travail à temps (ce qui risque de devenir une habitude et de les rendre paresseux), il vaut mieux les laisser échouer et se dire que cela leur servira d'expérience pour mieux gérer leur temps la prochaine fois. Les enfants veulent naturellement faire ce qu'ils ont à faire, ils n'aiment pas être en retard ou laisser un travail inachevé.

Ils devraient être libres de choisir leurs amis. Oh, ils se tromperont! Mais si on a bien fait notre travail de parent on devrait leur faire confiance pour comprendre leur erreur et se trouver de meilleurs amis. Interdire une amitié à un enfant, c'est prendre le risque qu'il se force à la maintenir juste par esprit d'opposition, parce qu'il trouve cela injuste.

L'enfant devrait être libre de dépenser son argent de poche comme bon lui semble. On doit lui expliquer pourquoi il est bon d'économiser, mais cet argent lui appartient, il est libre de l'utiliser. Le laisser tout dépenser pour un objet qu'il regrettera aussitôt d'avoir acheté est la meilleure leçon de sagesse économique. Les adolescents devraient recevoir une somme pour s'habiller, et on devrait leur faire confiance pour choisir une garde-robe appropriée.

Ils ont le droit d'avoir leur propre avis, de poser des questions, de s'informer et de se faire une opinion. Les enfants qu'on oblige à adhérer aux prises de position parentales risquent dès qu'ils sont libres de prendre le contre-pied juste par esprit d'opposition. Les enfants qui se sentent libres de poser des questions sont plus réceptifs aux opinions de leurs parents que les enfants qui n'en ont pas la possibilité. La difficulté, en éducation, est de parler avec simplicité aux enfants des comportements, puis de leur laisser assez de temps et d'espace pour mettre ces comportements en pratique de leur propre chef. C'est le but de l'inactivité magistrale. Si nous les avons bien entraînés, nous pouvons leur faire confiance: ils prendront les bonnes décisions pour leurs vies, même si les choix qu'ils font ne sont pas ceux que nous aurions fait pour eux.

V- La pédagogie aujourd'hui

Le XVIIIe siècle vit germer de nombreuses questions sur l'éducation et les études faites à ce sujet nous éclairent aujourd'hui encore. Malheureusement le grand optimisme de Locke et de Rousseau s'est éteint: les expériences éducatives n'ont pas tenu leurs promesses de succès. Si elles avaient fonctionné il n'y aurait pas encore tant d'approches, tant de méthodes différentes: nous utiliserions tous celle qui fonctionne! Le vrai problème c'est que les enfants changent avec les époques: la pédagogie qui a fonctionné sur une génération ne fonctionne pas sur la suivante, tout simplement parce que ce ne sont plus les mêmes enfants.

Une pédagogie efficace est capable de s'adapter. Elle prend en compte toutes les facettes de l'homme et de ses relations, elle considère chaque individu comme un être sacré. Elle suit l'évolution de chacun. L'éducation ce n'est pas une liste de compétences et de savoirs, un programme que tous les enfants doivent acquérir. C'est quelque chose qui englobe la personne tout entière, qui ouvre son champ de vision et qui lui offre de nouvelles expériences à vivre.

Une pédagogie intelligente encourage la solidarité entre les hommes. Le poète américain Walt Whitman illustre merveilleusement bien cette idée lorsqu'il raconte que derrière chaque conquête il y a un général triomphant qui saigne avec chaque soldat blessé. Les vies des autres nous touchent, et nous devons encourager cette compassion en lisant des récits de personnes du passé et du présent. La pensée d'une époque transpire de ses livres et il est bon de s'en imprégner pour comprendre le passé. Mais n'oublions pas d'analyser aussi la pensée de notre propre époque: chacun devrait avoir conscience de ce qui l'influence.

Locke pensait que l'on recevait toutes les informations par nos cinq sens et que seule la connaissance la plus précieuse devrait être autorisée à entrer dans l'esprit. L'esprit, pour lui, n'a pas de personnalité propre et il est possible de l'entraîner à traiter les informations reçues exactement comme on programme une machine. Traiter l'esprit comme une machine est difficile à concilier avec une vision globale de l'individu: la personne n'est alors rien de plus que le résultat des informations qui y sont entrées, elle n'a pas vraiment de valeur individuelle.

La psychologie, à l'époque de Charlotte, était encore très influencée par les travaux de Locke. La pensée rationnelle concevait les humains comme des principes scientifiques, et les esprits comme le résultat de relations de cause à effet. La personnalité et l'individualité n'étaient pas vraiment pris en compte: tout était réduit à des réactions chimiques matérialistes. C'est oublier le caractère sacré de chaque individu, la solidarité entre les hommes, et l'évolution personnelle; Charlotte a oeuvré avant tout pour corriger cette triste conception de l'homme et de l'éducation.

VI- Quelques pédagogies expliquées

L'idée selon laquelle l'enfant doit apprendre en s'amusant vient des Allemands Pestalozzi et Froebel, et on leur en est reconnaissants... même s'ils ont poussé le concept jusqu'à la création des écoles maternelles, lieux dédiés à des activités simplettes et stériles, qui traitent l'enfant plus comme une plante à faire grandir sous serre que comme un individu avec ses propres idées. Les enfants ne sont pas des plantes, qui grandissent correctement si on leur programme un emploi du temps minuté dans un environnement correct! Les enfants se démènent pour exister- pas seulement pour exister matériellement, mais surtout spirituellement.

Herbart, *philosophe allemand, fondateur de la pédagogie en tant que champ scientifique et académique*, définit l'âme comme une page blanche dénuée de personnalité. Si on adhère à son raisonnement, les idées naissent d'une simple relation de cause à effet. L'âme serait donc une scène vide et les idées en seraient les acteurs: à l'éducateur de faire le casting pour forger la personnalité de l'enfant. Les enseignants sont souvent très tentés par cette approche: elle réduit leur travail à choisir les bons acteurs (les bonnes idées) et à les faire entrer dans la masse d'enfants pour manipuler leurs personnalités et les éduquer. C'est cette conception qui a donné les «programmes scolaires»: des progressions par matière, les mêmes pour tous les enfants; aux enseignants de faire entrer la liste d'informations à connaître dans les cerveaux des enfants. C'est un travail de masse.

Aussi tentante que soit cette approche pour le corps enseignant, elle omet totalement la personnalité propre à chaque enfant et sa capacité à faire ses propres connections naturellement. Si c'était aussi simple que cela, s'il suffisait de présenter une suite de leçons pré-programmées pour éduquer un enfant, alors les élèves d'une même classe seraient des clones! Nous savons tous, au fond de nous, que chaque enfant est différent, que chacun a une sensibilité propre aux idées et que l'éducation implique chaque enfant séparément. Il est impossible d'éduquer correctement sans prendre en compte chaque enfant, sa personnalité et ses aspirations. Le prêt à porter, en éducation, ne fonctionne pas: les esprits sont encore plus uniques que les corps, on ne peut faire que du sur-mesure.

Même si ces pédagogies sont défectueuses nous pouvons retirer quelque chose de valable dans chacune. Charlotte voyait que «ses» enfants, ceux qui étaient instruits au contact de sa pédagogie, étaient alertes durant les leçons; ils ne s'ennuyaient pas. Ils étaient aussi intéressés par leurs leçons que par leurs jeux. La pédagogie de Charlotte englobe l'enfant comme un tout: chacun est un individu unique, capable de créativité et d'indépendance. Les élèves ne sont pas des vases vides à remplir de connaissances, ni des morceaux d'argile que l'institutrice doit modeler. Pour elle les enfants sont capables de faire seuls les relations entre les idées et les concepts: le but est de tirer profit de cette capacité en leur proposant énormément d'idées, pour qu'ils apprennent à les organiser, à les manipuler, à les mettre en relations. C'est ce que Charlotte veut dire par «l'éducation est la science des relations». L'enseignement ne devrait pas essayer de forcer ces relations par des leçons rigides; l'enfant doit comprendre par lui-même, au contact du réel et de la littérature. Un bon enseignant sait quand se mettre en retrait pour laisser l'enfant faire ses propres connections.

Charlotte insiste sur l'importance des vrais auteurs et des living books: eux seuls développent tout un affectif entre l'enfant, la connaissance, l'histoire et les autres cultures.

VII- Une bonne pédagogie

Charlotte a longuement expliqué que chaque personne est spirituelle et que sa volonté, sa conscience, sa raison et son affection ne sont pas des domaines cloisonnés mais différentes manifestations d'une même personnalité. L'homme est capable de créer des raisonnements infinis, mais pour y parvenir il faut qu'il ait à sa disposition une bibliothèque d'idées assez fournie; sinon avec quelle matière première pourrait-il raisonner? Ces connections dépendent de la mémoire pour être bien enregistrées, l'éducation doit donc entraîner la mémorisation tout en offrant un large choix d'idées.

Nous ne connaissons pas la nature scientifique exacte des idées. Depuis Platon nous les considérons comme des choses vivantes abritées par l'esprit. Elles ne jaillissent pas toutes seules: nous les créons. Chaque idée nous vient après avoir transité par quelqu'un d'autre et une fois qu'elle a pénétré l'esprit elle peut y rester pour toujours et ne jamais mourir. D'ailleurs nous pouvons nous remémorer l'impression laissée par une chanson ou un tableau, mêmes des dizaines d'années après. Certaines idées nous marquent plus que d'autres, tout dépend de notre personnalité: certaines personnes attirent certaines idées. Voyez la pollinisation: il existe de nombreux moyens de transport différents pour le pollen, mais tous aboutissent au même résultat, il n'y a pas de hasard là-dedans. Le bon pollen rejoint le bon ovule et la plante est fécondée. C'est exactement le même processus pour les idées. Certaines idées nous touchent particulièrement parce qu'elles correspondent à notre personnalité et à nos centres d'intérêt.

Les enfants sont capables de faire des relations illimitées entre les idées: le rôle de l'éducateur est simplement de les aider à constituer une bibliothèque d'idées en rapport avec leurs centres d'intérêt, et de les encourager à mettre en pratique leurs raisonnements, à expérimenter leurs idées.

Charlotte raconte l'histoire de Kaspar Hauser, une histoire dont on ne sait *(toujours)* pas si elle fut une expérience scientifique criminelle ou une sombre histoire de famille. En 1828, à Nuremberg, un bottier est intrigué par un jeune adolescent titubant, comme incapable de se tenir sur ses jambes, et grognant de manière incompréhensible. Son corps était celui d'un jeune homme de dix-sept ans mais son esprit, celui d'un enfant de deux ou trois ans. Pourtant il n'était pas simple d'esprit: il commença immédiatement à retenir des mots et des phrases et fit preuve d'une mémoire extraordinaire. Par sécurité on le plaça d'abord en détention; les enfants du geôlier lui apprirent à parler et à marcher. Il n'avait peur de rien. Au bout de six ou sept semaines le peuple le baptisa «l'enfant de Nuremberg». Il fut placé sous la responsabilité du Professeur Daumer pour qu'il l'instruise et qu'il lui fasse rattraper son retard. Kaspar put enfin raconter ce qu'il avait vécu: emprisonné dans un trou, il dormait sur la paille à même le sol. Il n'entendait jamais un bruit et n'apercevait jamais la lumière du jour. Il se réveillait, s'endormait, puis se réveillait à nouveau. A son réveil il trouvait une tranche de pain et un peu d'eau près de lui. Il n'apercevait jamais aucune figure humaine. Un jour un homme lui apprit brièvement à se tenir sur ses pieds et le sortit de son trou. Durant plusieurs mois après son arrivée à Nuremberg Kaspar refusa de manger autre chose que du pain et de l'eau: l'odeur de la viande, de la bière, du vin et du lait le rendaient malade. Ses sens étaient articulièrement sensibles. De jour il voyait beaucoup mieux que les autres sans perdre son acuité visuelle dans le noir. Pourtant il était incapable de distinguer un objet réel de l'image de cet objet et il n'avait aucune notion des distances: il voyait tout «plat». Il ne comprenait pas pourquoi les animaux ne devaient pas se tenir à table comme les humains. Son odorat était si aiguisé qu'il en était douloureux. Au bout de trois mois le Dr Daumer put lui enseigner autre chose que la maîtrise de ses sens: il l'encouragea à écrire des essais, à utiliser ses mains, à jardiner... Pendant l'année qui suivit Kaspar mena une existence heureuse et simple, entouré de son tuteur et d'amis. Ses sens se normalisèrent peu à peu.

L'histoire de Kaspar rejoint l'expérience de Charlotte: tout le travail sur le «développement des capacités» est inutile. Cet enfant n'a eu besoin de personne pour développer ses capacités d'apprentissage: elles étaient déjà en lui, malgré des années de privation sensorielle. Tout ce dont il avait besoin c'était d'expériences, d'un bain d'idées, d'informations... Chaque enfant naît avec l'intelligence et les capacités dont il a besoin. Le travail de l'éducateur n'est pas de le préparer à apprendre: il a déjà tout ce qu'il lui faut pour cela. L'éducation doit simplement lui apprendre à mettre ses idées en relation les unes avec les autres et à s'appliquer.

Les bébés viennent au monde pour former des liens d'intimité, de joie, d'association et de connaissance avec le vivant. Une vie heureuse dépend en grande partie de la façon dont on a fait ces relations. Quels examens l'enfant est capable de réussir ou combien de dates il a mémorisées ne sont pas la bonne manière de concevoir l'éducation. On devrait surtout se préoccuper de si l'enfant a une bonne connaissance du monde qui l'entoure. Connaît-il les arbres, les oiseaux et les fleurs comme on connaît des amis familiers? Il sera bien vite capable de remarquer les différences entre les espèces et il commencera spontanément à les classer dans sa tête. La classification scientifique deviendra pour lui une étape nécessaire pour ses propres recherches. On est très loin du bachotage pour réussir un test: la connaissance qu'un enfant engrange par lui-même à travers ses expériences signifie autrement plus pour lui que d'apprendre des données dans un livre sec ou dans un manuel qui n'a aucune idée de sa vie et de ses centres d'intérêt.

VIII- Quelques relations bonnes pour l'enfant

Il y a des choses spécifiques avec lesquelles l'enfant doit former des relations, Charlotte décrit chacune d'elles:

1- La géologie, la minéralogie, la géographie, la botanique, l'histoire naturelle, la biologie, l'astronomie...
Les sciences sont passionnantes pour les enfants s'ils sont autorisés à les découvrir en réel plutôt que dans des livres. Si les enfants sont autorisés à bâtir des relations avec la nature durant leurs premières années (de la naissance à quatorze ans), leur curiosité scientifique durera toute leur vie.

2- Des relations dynamiques
Les enfants doivent développer une relation dynamique avec le monde. Ils doivent se mouvoir avec agilité de grâce; être libres de courir, de jouer, de glisser de naviguer, de danser, de sauter, de nager...

3- La connaissance des matériaux
Ils devraient développer une bonne connaissance des matériaux: tous les enfants font des châteaux de sable, des tartes de boue et des bateaux de papier. Pourquoi s'arrêter là, alors qu'on peut les encourager à travailler l'argile, le bois, le laiton, le fer, le cuir, le tissu, les aliments... ? Chaque enfant devrait être habitué à faire du travail manuel et à trouver de la satisfaction dans le fait de créer.

4- Une intimité avec les animaux

Une relation de compréhension et de bienveillance envers les animaux est importante. Nous devrions tous être en bons termes avec les «résidents muets» de la maison et du jardin.

5- De bonnes relations humaines

Une grande partie de l'éducation d'un enfant devrait porter sur les relations humaines. Il ne doit pas seulement apprendre à entretenir de bonnes relations sociales avec sa famille, ses amis et ses concitoyens; il doit aussi s'ouvrir aux peuples d'autres époques et d'autres cultures. L'Histoire, la littérature, l'art, l'archéologie, les langues étrangères (anciennes ou modernes), les voyages et les récits de voyages sont autant de vecteurs de connaissance sur les relations sociales. Les hommes de cultures et d'époques différentes ressentent des choses très similaires aux nôtres: l'éducation doit rendre ces personnes vivantes aux yeux de l'enfant

6- L'idée qui éveille

Une exposition à de multiples idées est nécessaire parce que nous ignorons lesquelles allumeront une étincelle dans l'esprit de l'enfant, lesquelles l'amèneront plus tard à de grandes réflexions. La conversation du jeune Henry Rawlinson avec Sir John Malcolm l'inspira des années après pour découvrir la clef du décryptage des écritures cunéiformes de la Perse antique. Nous ne deviendrons pas tous de grands hommes mais qui sait combien de découvertes furent manquées parce que la personne n'avait pas été exposée à suffisamment d'idées?

7- Une intelligence humaine non limitée aux intérêts humains

Aussi longtemps que l'éducation verra les enfants comme un assortiment de capacités plutôt que comme un tout à nourrir et à inspirer, nous continuerons de brider l'intelligence humaine. Nous voulons plus pour nos enfants qu'une simple capacité à se trouver un travail décent et à mener une vie confortable. Une vie heureuse ne se résume pas à un travail stable et des finances prospères.

8- La vie humaine tout entière

Charlotte pense que la plus belle des révolutions éducatives aura lieu le jour où chacun de nous prendra consience que sa plus grande tâche est de côtoyer des personnes de tous les milieux sociaux, de toutes les origines et de toutes les époques.

9- Le sens du devoir, aux antipodes de la psychologie moderne

La psychologie moderne a une drôle de conception du sens du devoir. Forcément, on ne peut pas attendre de personnes réduites à un «état de conscience» qu'elles prennent la mesure de leurs responsabilités morales, sauf si elles correspondent à la pulsion du moment! On ne prend plus assez en compte l'éthique et le devoir. Les livres de morale n'apportent rien: on doit proposer à l'enfant des livres qui l'amusent, qui l'intéressent; Rien de ce qui est humain n'est étranger au roman: le devoir, la compassion et la morale s'apprennent en lisant les dix commandements et en se plongeant dans des «living books».

10- Un enseignement éthique

Encourager les enfants à développer des relations de sympathie et de compassion au-delà de leurs affinités devrait être une de nos priorités éducatives. La lecture de la

Bible et des dix commandements est un excellent moyen d'y parvenir. Il est inacceptable d'élever un enfant superficiel qui se moque des autres.

11- La philosophie

Les enfants devraient être assez familiers avec la philosophie pour développer une vision personnelle et intelligente du monde. Leurs agissements sont dictés par leurs croyances, ils devraient donc être amenés à réfléchir à ce en quoi ils croient vraiment et ne pas prendre pour argent comptant tout ce que leur dictent leurs parents, leurs enseignants et leur culture.

12- Les qualités d'orateur

Apprendre à s'exprimer en public est un exercice difficile mais précieux. Cette capacité est importante pour chacun: quelle que soit la vie à laquelle on se destine.

13- Les devoirs envers Dieu

Les enfants doivent connaître leurs devoirs envers Dieu. Avoir un sentiment religieux ne se substitue pas au devoir: les enfants doivent savoir qu'aimer Dieu et respecter Sa volonté n'est pas une option, c'est un devoir. Et ce devoir n'empêche pas d'avoir une relation vivante avec Lui.

IX- Un bon pédagogue

Herbart, *philosophe allemand, père de l'idée de pédagogie comme domaine scientifique,* avait une définition de l'âme humaine qui laissait bien peu de place à la personnalité. Charlotte note quelques similitudes entre sa propre vision des choses et celle d'Herbart: même s'il avait beaucoup de défauts elle admire beaucoup tous les progrès qu'il a instaurés dans l'éducation.

Il ne croyait pas en la conception de Locke selon laquelle l'esprit avait différentes capacités qu'on devait développer. Herbart voyait l'homme comme un tout, pas comme un assemblage de plusieurs parties distinctes. C'est toute la personne qu'il faut éduquer, pas des domaines séparés. Herbart voyait la valeur des idées dominantes dans l'esprit. Personne n'est capable de dire d'où viennent ces idées mais nous voyons le pouvoir qu'elles ont sur l'opinion publique. En fait à chaque fois qu'une idée est popularisée par un génie, l'idée s'implante si bien sous chaque toit que personne n'est capable de se souvenir de sa provenance! Un nouveau génie redéfinit l'idée et le processus recommence.

Il reconnaît que les enfants sont influencés et éduqués pas seulement pas les enseignants et les parents mais aussi par la nature, par leur paroisse, par leur gouvernement et par ce que Charlotte appelle le «Zeitgeist», *de l'allemand zeit- le temps et geist- l'esprit.* Le «Zeitgeist» c'est l'opinion publique, ce qu'on appelle aujourd'hui la «pensée unique». On ne peut pas établir un programme sans prendre en compte toutes ces influences, et elles changent en permanence!

Herbart considérait la famille comme étant au centre de la société: elle est la première influence de l'enfant, c'est là qu'il affine sa perception de Dieu. Un enfant a confiance en Dieu comme en un père aimant si son père terrestre est aimant.Il considérait que toutes les vérités, chrétiennes ou païennes, venaient de Dieu et donc que toutes les vraies connaissances sont divines. Aucun champ d'étude ne devrait être écarté sous prétexte qu'il porte un enseignement laïque.

Herbart estimait que le rôle des parents dans l'éducation des enfants est si fondamental qu'on n'exagère rien en disant que le futur de la société repose sur leurs épaules: tout dépend de leur succès dans l'éducation des enfants.

Il voyait bien que l'éducation progressait au rythme des découvertes scientifiques, si bien qu'il est impossible de savoir si l'éducation que nous prodiguons sera adaptée au monde dans lequel nos enfants évolueront. Nous ne pouvons pas avoir la connaissance comme objectif puisqu'elle est en perpétuelle évolution. Nous ne pouvons pas non plus avoir comme but que nos enfants soient indépendants puisque l'indépendance peut être utilisée à mauvais escient. Il nous faut être plus précis: pour Herbart notre projet éducatif devrait être que l'enfant ait un bon caractère; si l'enfant a une bonne personnalité équilibrée, alors le savoir académique suivra forcément.

Herbart avait vu que l'homme a beau avoir un esprit impalpable, son cerveau est quelque chose de physique dont nous devons tenir compte. Charlotte le rejoint aussi sur ce point: le cerveau est malléable; il s'adapte physiquement à nos activités, de nouveaux tissus se forment dès que nous apprenons de nouvelles compétences, dès que nous prenons de nouvelles habitudes comportementales. Herbart avait compris l'importance d'un bain d'idées variées pour inspirer le cerveau, mais Charlotte va encore plus loin en ajoutant les habitudes aux idées: ce sont les habitudes qui tracent dans l'esprit les routes sur lesquelles transitent les idées. Malgré toutes ses bonnes idées, Herbart avait omis de considérer la personnalité: toutes ces habitudes comportementales qui régissent pourtant les apprentissages.

X- Quelques aspects intéressants de l'entraînement physique

Charlotte insiste sur l'importance de faire du sport; non pas pour être un monstre de muscles, mais pour le plaisir et pour se maintenir en bonne forme physique. Il n'y a rien de mal à prendre soin de son corps , au contraire: nous devons être opérationnels au quotidien! Notre vie ne nous appartient pas, elle appartient à Dieu, nous avons le devoir de la préserver. C'est une chose qu'il faut bien garder à l'esprit lorsqu'on a tendance à négliger sa santé ou à cesser de s'entretenir physiquement.

Ce n'est pas parce que nos vies appartiennent à Dieu que nous devons renoncer aux plaisirs de la vie: la vie elle-même a plus de saveur avec de la discipline et du sport. Il ne s'agit pas de se soumettre à un entraînement difficile, mais de pratiquer une quantité raisonnable d'exercices physiques. Pratiquer un sport permet d'apprendre de nouvelles habitudes: fais quelque chose cent fois et cela devient facile, fais-le mille fois et cela devient mécanique. On le voit très bien dans le cricket, le nautisme, le golf, le cyclisme... ça ne s'arrête pas juste aux mouvements, il y a toute une philosophie derrière ces disciplines. Quand les habitudes morales acquises sur le terrain sont renforcées à la maison alors l'enfant développe grâce au sport d'excellentes habitudes:

-La retenue permet à l'enfant d'éviter de gaspiller son temps en activités futiles. Un enfant qui se fatigue de façon saine en faisant du sport ne prend pas l'habitude d'être paresseux. Restons vigilants tout de même: un excès de sport peut fatiguer un enfant au point qu'il n'arrive plus à se concentrer sur son travail.

-Le self-control aide les enfants à garder assez de présence d'esprit en période de crise. On est obligé quand on pratique un sport de se contrôler; c'est une belle occasion d'apprendre la tempérance.

-La discipline des habitudes n'est jamais parfaite tant que la discipline n'est pas elle-même une habitude. L'enfant bien entraîné sait qu'être propre, rapide, ordonné et réactif fait de lui un homme... à l'âge où les mots «homme» et «héros» sont synonymes! Si un enfant n'est discipliné qu'à l'école, ou qu'à la maison, alors la discipline n'est pas une habitude correctement ancrée dans sa personnalité: il fait semblant.

-La vivacité aide les enfants à saisir chaque occasion pour faire un acte de gentillesse, pour porter un sac ou pour tenir la porte aux autres. On regrette trop souvent d'avoir manqué de rapidité pour saisir une belle occasion: le succès dans la vie dépend en grande partie de notre capacité à saisir les opportunités dès qu'elles se présentent.

-La perception rapide est intimement liée à la vivacité: Elle permet à l'enfant de saisir et de se souvenir des détails de ce qu'il voit, sent et entend. Charlotte cite les études de Mr Grant, sur l'entraînement des jeunes mafieux napolitains. Aussi malsain que soit le but de leur éducation, nous pouvons en retenir du positif pour notre objectif à nous: *«la priorité de son entraînement était de lui apprendre à observer avec la plus grande exactitude, mais sans en avoir l'air. L'apprentissage* *se faisait de la façon suivante. Lorsqu'il se promenait en ville le mafieux s'arrêtait soudainement et demandait «comment était vêtue la femme devant la porte de la quatrième maison de la dernière rue?» ou «de quoi parlaient les deux hommes que nous avons croisés à l'angle de la rue?», ou «où le taxi 234 va-t-il?» ou peut-être serait-ce «quelle est la hauteur de cette maison et la largeur de sa plus haute fenêtre?» ou «où vit cet homme?».* Cette habitude physique de perception rapide permet à l'enfant d'être attentif toute sa vie durant.

Rappelons-nous des points suivants:

Du self-control pour les urgences.

De la retenue pour l'indulgence.

De la discipline dans les habitudes.

De la vivacité pour saisir les opportunités.

De la rapidité et de la vigueur dans les exercices physiques.

Une perception rapide de tout ce qui doit être vu, entendu, touché, senti et goûté.

-Les idées stimulantes comme celles dont regorgent les beaux livres peuvent inspirer une vie et donner vie à des idéaux nobles. Nous devrions tous veiller à ce que notre enseignement en regorge, pour transmettre le goût de l'effort, y compris de l'effort physique.

-L'endurance permet aux enfants de supporter les petits inconforts. Charlotte donne l'exemple d'un petit garçon de dix ans qui se forçait tout seul chaque jour à faire une course solitaire de cinq kilomètres sous un soleil accablant parce qu'il devait s'entraîner pour une course. Et ceci non-pas par amour du sport, mais parce que son grand frère s'était toujours distingué dans ces courses et qu'il voulait lui aussi y parvenir. Quand on pense à la difficulté que nous avons à accomplir les tâches rebutantes qui nous incombent chaque jour, on ne peut qu'admirer la volonté des enfants pour peu qu'ils soient motivés! Il est bon qu'un enfant sache qu'être fort et supporter les petits inconvénients sont des vertus chevaleresques.

-Savoir servir est une autre qualité chevaleresque qu'on retrouve souvent dans les vies héroïques; tout comme le courage, qui devrait être plus que l'impulsion du moment. C'est un feu naturel qui se nourrit d'exemples héroïques et de l'apprentissage que parfois une tâche a plus d'importance que soi-même.

-La prudence est elle-aussi une vertu chevaleresque: le courage sans la prudence s'appelle l'imprudence.

-La chasteté préserve la pureté du corps: «*Ne savez-vous pas que votre corps est le temple du Saint-Esprit (...) et que vous ne vous appartenez point à vous-mêmes?*»

XI- Quelques aspects intéressant de l'entraînement intellectuel

Nous savons tous que nous dépendons de lois physiques (mets ton doigt dans le feu, il brûlera; assieds-toi dans un courant d'air et tu seras malade; prends soin de ta santé et tu en seras récompensé) et de lois morales. Mais beaucoup oublient que nous dépendons aussi de lois intellectuelles. Nous avons tendance à croire que nous sommes libres d'élaborer nos propres opinions et nos propres préférences Mais Dieu fait autorité même dans nos esprits.

Il est tentant de croire qu'on peut débattre de tout, que rien n'est absolu, mais trois choses sont vraies: Dieu existe, j'existe, le monde existe. Certains renient Dieu et l'existentialisme renie le monde; tous deux érigent le «JE» en maître absolu. Mais on ne peut être humble que lorsqu'on reconnaît que Dieu et le monde existent.

La raison est illimitée. Combien de fois nous sommes-nous endormis avec un problème dont la solution, au réveil, était toute trouvée! Comme si c'était un cadeau de Dieu plutôt que le fruit de notre propre réflexion. Ce genre d'intuition n'est pas dû à la raison: notre raison peut nous pousser à justifier toutes sortes d'erreurs. Nous avons tous des idées toutes faites sur les gens ou sur les idées. Une fois que nous les avons notre raison tente d'y trouver une logique, elle tente de justifier ce que nous avons choisi de croire. Les guerres et les querelles sont bâties sur de mauvaises raisons. Voilà pourquoi nous devons être vigilants aux idées qui nous animent.

Une personne très observatrice, entraînée à avoir de bonnes habitudes intellectuelles, aura les meilleures chances de reconnaître et d'affiner ces grandes idées qui font les génies. Être un génie est à la portée de chacun. Les enfants ne devraient pas se focaliser sur le domaine dans lequel ils excellent, comme les mathématiques: ils devraient chercher un équilibre entre les différents champs de connaissance. Charlotte décrit quelques habitudes intellectuelles qu'on devrait veiller à cultiver durant l'enfance:

L'attention: la capacité de rassembler toute son intelligence sur un objet.

La concentration: la capacité de maintenir toute son intelligence sur cet objet pour finir une tâche par exemple.

La minutie: ne pas bâcler les détails de son travail ou de ses apprentissages.

La volonté : être capable d'orienter ses capacités sur un domaine précis.

L'exactitude: savoir vérifier la justesse de son travail.

La réflexion: passer du temps à réfléchir à son travail.

La méditation est elle aussi une excellente habitude. Elle permet de se poser et de considérer tous les aspects d'une idée.

La vie intellectuelle a besoin d'idées vivantes. Les histoires prévisibles ne nourrissent pas l'esprit, elles ennuient l'enfant. Les meilleurs livres, poèmes et chefs-d'oeuvre sont ceux qui créent la surprise chez celui qui les découvre. Les enfants n'ont pas besoin de livres spécialement écrits pour eux. _Rasselas_, _Eothen_, _Robinson Crusoe_, _La reine des fées_... sont à la portée de petits de huit ou neuf ans; ils regorgent d'idées vivantes et nourrissantes pour l'esprit. Il est primordial d'immerger les enfants dans un bain d'excellents exemples de nature, de vie, d'amour, d'héroïsme... et les laisser piocher ce qu'ils veulent. Leurs esprits sont indépendants, ils feront leur propre sélection parmi ce qu'on leur propose. Tant que le bain est bon l'enfant ne peut faire aucun mauvais choix. Les idées les plus nobles sont enfermées dans les beaux livres: c'est donc avec cette matière que nous devons forger nos programmes éducatifs.

L'enfant doit avoir à sa disposition, en grande quantité:

-Des livres de fiction, de poésie, de voyages, d'aventure, de récits historiques et de biographies stimulants et à leur goût.

-Des livres avec des idées vivantes, parce que ce sont les seuls qui nourrissent correctement l'esprit.

-Des idées nobles, qui placent le devoir comme une belle valeur et la nature comme quelque chose d'omniprésent.

-Des idées toujours exaltantes dans tous les domaines d'étude: géographie, grammaire, histoire, astronomie,...

XII- Quelques aspects intéressants de l'instruction morale

Les écoles de Charlotte avaient trois principes fondamentaux:

I-L'autorité est une loi universelle.

II-L'acquisition de bonnes habitudes fait partie de l'éducation.

III-Les idées ont le pouvoir d'inspirer.

L'autorité est la base de l'instruction morale. Dieu est l'autorité suprême, son autorité est au-dessus de toutes les autres. Nous Lui devons obéissance mais nous avons aussi un devoir d'obéissance envers nos supérieurs hiérarchiques. Ceux qui ne croient pas en Dieu ont un certain sens moral, mais les croyants ont une idée plus précise de ce qui est bon ou mauvais. Les parents ne doivent jamais oublier qu'ils ont autorité sur leurs enfants parce que Dieu leur fait confiance: ils ne devraient jamais abuser de cette confiance. L'autorité de Dieu est basée sur des principes (l'esprit d'amour) et non sur des lois; les parents doivent faire de même, en basant leur autorité non pas sur des lois arbitraires, mais sur des principes. La tendance est de dire que chacun doit suivre ses intuitions, et faire ce qui lui «semble juste». Comme si chaque homme pouvait définir seul ce qui est bien et ce qui est mal.Cette idée date de Socrate; pour lui «l'homme est la mesure de toute chose», la vérité est relative. Ne cédons pas à cette tendance, ne nous contentons pas de faire qui nous semble juste à nos yeux: nos yeux peuvent nous tromper, ils en ont trompé tant d'autres avant nous! Nous devons suivre des lois morales qui sont au-dessus de nous: l'amour maternel, la joie d'avoir bonne conscience, la loi de la gravité... la vérité est absolue, elle vaut pour tout le monde. Les parents et les éducateurs ne peuvent rien enseigner de plus précieux: nous ne faisons pas la loi, nous obéissons simplement à celle de Dieu.

Nous sommes tous nés avec une conscience mais jusqu'à ce que les enfants apprennent à distinguer le bien du mal, ils peuvent se tromper. Notre conscience a besoin d'être éduquée: les dix commandements sont incontournables. Sans oublier les poètes: ils sont des assistants hors pair pour enseigner la morale!

> *Fils sévère du très saint Verbe,*
> *O Devoir ! lumière du coeur,*
> *Seul maître de l'âme superbe,*
> *Le guide et le réprobateur !*
> *L'essaim des caprices s'envole*
> *Et meurt devant tes pas divins ;*
> *Tu calmes la terreur frivole*
> *Et les fiévreux élans vers des mirages vains.*
> *William Wordsworth, <u>Ode au devoir</u>*

Les enfants ont besoin d'exemples, ils leur parlent. Ils veulent ressembler au parent aimant, à l'ami de la famille en qui on a confiance, au héros tant admiré... Nous devons fournir à nos enfants beaucoup d'exemples de personnes au comportement noble. La littérature héroïque en regorge, tout comme les récits d'aventures, les biographies... C'est là qu'ils trouveront l'inspiration pour leur propre vie et c'est exactement ce que doit être notre programme d'éducation morale. Quand les enfants ont compris qu'ils ont le devoir de faire les bons choix, alors leur éducation morale est sécurisée. Les parents de tout-petits peuvent apprendre à lire sur le visage de l'enfant pour anticiper les bêtises en détournant son attention. La meilleure béquille que nous puissions avoir en tant qu'éducateur ou parent, c'est de toujours nous souvenir des vertus que nous voulons encourager chez l'enfant.

XIII- Quelques aspects aspects intéressants de l'éducation religieuse

Charlotte ne prétend pas être exhaustive, elle espère simplement aider son lecteur en lui donnant quelques conseils pratiques. Les enfants ont besoin de savoir que Dieu est toujours à leurs côtés et qu'Il détient l'autorité suprême. C'est ce qui va inspirer chez lui les sens du devoir et de la gratitude plutôt que ceux de la désinvolture et de l'obstination.

L'autorité devrait rendre la vie meilleure en limitant les injustices et en protégeant ceux qui font le bien. Il ne s'agit pas d'étouffer les gens. Si transgresser la loi implique des conséquences, ce n'est pas parce que l'autorité veut punir, mais parce que l'autorité veut limiter et éviter les nuisances. C'est ce que font les parents au sein de la famille: les enfants n'ont pas le choix d'obéir à leurs parents, ils doivent vivre sous leur autorité; tout comme nous n'avons pas choisi de vivre sous l'autorité de Dieu, mais nous lui devons obéissance malgré tout. L'éducation religieuse a ses propres habitudes à entraîner: les grâces au moment du repas, le service de la messe, et les prières familiales placent Dieu au coeur de la vie de l'enfant, qui en plus aime beaucoup les petites cérémonies régulières. Le dimanche doit rester un jour spécial.

Quelles idées doit-on privilégier lors de l'instruction religieuse? Nous ne devons pas parler aux enfants de Dieu comme quelqu'un qui les observe pour les punir. Ils doivent se faire une idée de Dieu comme père aimant. Même les tout-petits ressentent de la culpabilité vis-à-vis de leurs bêtises, ils doivent savoir qu'ils peuvent trouver du réconfort auprès de Lui.

XIV- Un maître à penser

«L'éducation est une atmosphère, une discipline, une vie.»

En voilà une devise ambitieuse! Mais elle n'est pas hors de portée: cette phrase doit être prise comme un tout.

L'éducation est une atmosphère: si nous nous contentons de cette partie en remplissant l'environnement de l'enfant avec de l'art, des livres, de la musique... alors l'enfant deviendra paresseux. Il risque de penser que la connaisssance viendra toute seule à lui, juste en s'amusant, sans effort de sa part.

L'éducation est une vie- si cela seul suffisait alors on aurait juste à enchaîner les activités éducatives, jour après jour.

L'éducation est une discipline- si nous nous focalisons uniquement sur la discipline, sur l'acquisition de bonnes habitudes et sur un programme rigoureux à suivre pour chaque matière... alors nous entrons dans un système sec et bien triste! L'éducation est trop souvent considérée comme un moyen de développer des facultés et rien d'autre. Or l'homme a plusieurs facettes, il a besoin de toutes les développer simultanément.

Non: les trois doivent fonctionner ensemble. L'éducation est vraiment une vie parce qu'elle suit la croissance et l'évolution de chaque personne. Elle ne doit pas se concentrer sur une seule matière, elle doit être riche, foisonnante. Elle doit faire découvrir le monde, le passé, la culture... Si nous nous focalisons sur un seul sujet, l'étudiant devient déséquilibré et étroit d'esprit. Les enfants devraient avoir l'occasion de faire des relations entre des choses très différentes: plus ils font d'expériences plus ils aiment la vie.

Ils doivent découvrir les choses directement, pas avec du savoir de «seconde main». Les enfants n'ont pas besoin qu'on leur dilue les choses sous prétexte de les rendre plus «faciles». Le travail de l'enseignant est d'orienter sur les ouvrages, de stimuler, d'organiser l'assimilation de la connaissance... ce n'est en aucun cas d'être une fontaine de connaissance, la source de tout ce que l'enfant doit savoir. Les bons enseignants parlent peu. Les enfants doivent découvrir les choses par eux-mêmes dans les meilleures livres, ils doivent avoir du temps pour réfléchir et faire leurs propres conclusions... plutôt que de se voir enseigner ce qu'il faut savoir et ce qu'il faut penser! Ils doivent simplement savoir qu'ils peuvent demander de l'aide s'ils en ont besoin.

Ils devraient être autorisés à étudier tous les sujets, pas seulement ceux qui leur permettront d'avoir un travail enrichissant plus tard. Nous ne savons pas ce qui les intéresse, ce qui mettra de la saveur dans leurs vies: eux seuls le savent.

XV- Les manuels scolaires et ce qu'ils font pour l'éducation

Charlotte raconte une histoire tirée d'un roman de la suédoise Fredrika Bremer, _Les Voisins_. Avec beaucoup d'esprit Fredrika met en scène la vie d'une jeune écolière. Pardon pour la longueur de l'extrait, mais il a semblé si pertinent à Charlotte de nous le faire connaître qu'elle tenait à le restituer dans son intégralité:

«J'avais alors quatorze ans. Par bonheur pour mon esprit inquiet, mon épaule droite se dérangea, et mes parents décidèrent que je ferai de la gymnastique, ce qui était alors le traitement à la mode pour les tailles imparfaites. Je fis donc, un matin, mon entrée dans une salle toute remplie d'échelles, de mâts, de cordages, et j'y trouvai trente à quarante jeunes personnes, vêtues, comme moi, d'une blouse de drap vert, d'un pantalon, et coiffées d'un bonnet de tulle. Le premier jour, je me bornai à écouter les leçons de _flexion du dos_ et de mouvements des bras et des jambes; le lendemain, j'en étais au tu et au toi avec quelques jeunes filles; le troisième jour, je franchissais bravement échelles et cordages, et avant la fin de la quinzaine, je conduisais la seconde division, et m'efforçais d'inspirer à mes compagnes mon goût pour les aventures.

Je lisais alors l'histoire grecque. Je proposai à ma bande d'adopter des noms antiques, et de nous appeler entre nous Agamemnon, Epaminondas, Pélopidas etc. Pour moi, je pris Oreste pour patron, et ma meilleure amie fut mon

Pylade. Parmi les élèves, il y avait une grande et maigre jeune fille qui m'était particulièrement antipathique. Elle se moquait, avec son accent finlandais, de nos changements de noms, et, comme mon amie et moi étions fort petites, elle se plaisait à nous appeler Orre et Pylle. Ces injurieux diminutifs me blessaient profondément, parce qu'ils me rendaient ridicule aux yeux de la bande que je commandais. Comme ma longue ennemie avait déclaré vouloir conserver son vrai nomde Brita Kajsa, je la nommai Darius, ce qui donna lieu à de nouvelles disputes.

Mon enthousiasme pour l'histoire grecque ne me faisait pas oublier celle de mon pays: Charles XII était mon héros de prédilection, et souvent, en présence de mes amies, je racontais ses exploits au feu. Un jour Darius survint, et m'interrompit pour soutenir froidement que le Tsar Pierre était bien plus grand que Charles XII. *(Charles XII de Suède et le Tsar Pierre étaient ennemis)* Indignée, je relevai le gant. A l'appui de son opinion, ma rivale, qui était forte en histoire, citait une foule de faits, et, à tous mes efforts pour exalter mon héros, elle opposait Pultawa et Bender. Bien des larmes coulèrent sur ces champs de bataille; mais ces larmes n'étaient pas plus amères que les miennes, alors que, vaincue comme Charles XII, je pleurai en silence ma défaite. Ma rivale m'était devenue odieuse, et je confondais dans ma haine Darius, le Tsar Pierre et le peuple russe tout entier.

Il ne fallait qu'une étincelle pour allumer l'incendie. L'étincelle fut une douce et aimable jeune fille, un peu boiteuse, et qui avait conservé sous ses habits d'homme sa timidité et ses grâces féminines. Elle sut me plaire, et je me déclarai son chevalier. Un jour que je m'apprêtais à déclamer en son honneur une tirade de Racine, l'odieux Darius apparut tout à coup et me dit d'un air moqueur: «Je suis ton rival». Je jetai sur mon rival un regard foudroyant. «Brita Kajsa, retourne à tes aiguilles», répondis-je. Brita rougit, et toute ma bande éclata de rire. Un instant après, perchée sur mon échelle, je contemplais au-dessous de moi la foule tumultueuse... Tout à coup je me sens saisie par une main vigoureuse, et ma longue ennemie, me tenant ferme, crie d'un ton railleur: «Allons! Montre-toi digne de ton nom Oreste, ou contente-toi de crier comme un orre.» *(orre signifie en suédois un coq de bruyère)* .

Qu'aurait fait Oreste à ma place? Je ne sais, mais apparemment que mes cris et mes contorsions rappelaient davantage l'oiseau pris au filet que le héros prisonnier, car un rire inextinguible s'éleva de toutes parts. J'enrageais. J'appelai Pylade à mon secours, mais Pylade se contenta lâchement d'adresser quelques représentations à mon ennemie. «J'exige une satisfaction, je te provoque», criai-je à Darius. Mais Darius se borna à répondre en criant: «Bravo, Monsieur l'orre, bravo! Voyez, c'est ainsi qu'à Bender le Tsar Pierre-le-Grand se rendit maître de Charles XII». Ma rage allait me pousser à quelque acte désespéré, lorsque l'arrivée d'une maîtresse mit un terme à ma captivité. Aussitôt j'allais vers Pylade et lui dis: «Tu t'es conduite en misérable. Suis-moi à l'instant; je veux provoquer cette fanfaronne. Tu seras mon second». Pylade n'osa pas refuser, et me suivit en rechignant.

Darius, appuyé contre la muraille, chantait entre ses dents d'un air insultant. J'allai droit à lui (...) et, fronçant le sourcil: «Que voulais-tu dire tout à l'heure?» lui demandai-je. Brita me toisa d'un air hautain «Ce que je voulais dire? Mais ce que j'ai dit, apparemment.

-Eh bien, moi aussi, j'ai un mot à te dire. Tu m'as offensée, il me faut une réparation. Ici, devant l'assemblée, tu reconnaîtras que Charles XII est un plus grand homme que le Tsar Pierre, ou bien, si tu as de l'honneur, si tu n'es pas un poltron, nous nous battrons.»

Brita rougit, mais répondit avec une froideur désespérante: «Faire des excuses? Non. Me battre?... Eh bien, j'y consens. Mais où et avec quoi? Avec des aiguilles?
-Ici et à l'épée, si tu n'as pas peur. Nous arriverons une demi-heure avant les autres, j'apporterai des armes, et Pylade est mon second. Tu en prendras un.» (...)

Mon sang battait avec violence. Toutefois, quand la nuit fut venue et que je me mis à réfléchir à l'action que je voulais commettre, je me sentis frissonner; mais reculer, abandonner Charles XII, laisser mon honneur entaché, justifier les railleries de ma rivale, m'exposer à des persécutions? Non, plutôt mourir! Cependant le cinquième commandement me revenait à la mémoire; puis je pensais à mes parents... Comme ils pleureraient si je mourais! Je croyais voir devant moi mon adversaire fort et cruel comme le Tsar, et moi... je le sentais bien, je n'étais pas Charles XII. La pensée du désespoir de mes parents me serra le coeur, et je m'endormis en pleurant amèrement. Quand je m'éveillais, il faisait grand jou; la pendule sonnait huit heures et demie. La nuit m'avait fait oublier le duel, mais la mémoire me revint pendant que je me frottais les yeux. Je croyais entendre une voix éclatante comme une trompette me crier: «A neuf heures!» Je me levais précipitamment, je m'habillais en un instant, et je saisis deux petites épées que j'avais prises la veille dans la chambre de mon frère. Tout à coup une idée me vint: mes parents ne savent rien, et, si je succombe...

J'écris bien vite au crayon, sur un chiffon de papier: «Bien aimés parents, quand vous lirez ces lignes...» Hélas! Neuf heures moins un quart sonnaient. Désespérée, je jetai dans un tiroir la lettre commencée, et je me jetai moi-même, comme César, dans les bras de la fortune, et partis avec les épées cachées sous mon manteau.

Comme tu penses bien, je n'avais aucune notion de l'escrime, mais je ne m'en inquiétais guère; se précipiter sur son adversaire me paraissait le meilleur parti à prendre. Je t'avouerai d'ailleurs que le long du chemin je pensais le moins possible au combat.

En entrant dans la salle j'y trouvais Brita et son second, mais Pylade n'était pas encore arrivée. Je la maudissais intérieurement. Nous nous saluâmes fièrement, Darius et moi; je lui laissais choisir son épée. Son choix fait, il mania son arme avec une aisance et une habileté remarquables. Je me voyais déjà transpercée de part en part. (...)

«Le Tsar Pierre était un grand homme! dit Darius avec un incroyable sang-froid.
-Mort à lui! Vive Charles XII!» m'écriais-je, et nous nous mîmes en garde. (...)Au premier choc de nos épées, je fus désarmée et tombai par terre. Je crus ma dernière heure venue; mais quel fut mon étonnement quand je vis Darius jeter son épée et s'avancer vers moi. Il me prit la main et me releva. «Eh bien, me dit-il gaiement, tu as maintenant satisfaction. Devenons bons amis; tu es un brave petit homme». (...) On entendit un grand bruit à la porte. Pylade se hâta d'ouvrir, et le maître de gymnastique, accompagné de trois maîtresses, se précipita dans la salle. Je perdis

connaissance. (...) A la suite de ces évènements, je fus gravement malade pendant plus de trois mois. Cette maladie fut un bien pour moi; elle rafraîchit mon tempérament trop ardent.»

Charlotte se demande, en lisant cette touchante histoire, d'où vient cette imagination débordante. Quel genre de livre a pu à ce point exalter ces jeunes filles? Un tel enthousiasme ne peut pas venir de manuels scolaires «secs»; il naît en lisant des «living books», ces livres vivants aux idées passionnantes. Si on laisse les enfants lire tout ce qu'ils aiment, les filles risquent de se laisser aller à des lectures frivoles de petites romances sans aucun intérêt et les garçons risquent de préférer des récits d'aventures rapides et sans aucune consistance. Nous aimons tous ces lectures légères, il n'y a pas de mal à s'y adonner de temps à autre. Mais ce n'est pas ce qui nourrit l'âme. Les manuels scolaires quant à eux ont tendance à être si abrégés qu'il n'y reste plus qu'un ramassis de faits secs et de sujets vite survolés. C'est parfait pour mémoriser des informations juste le temps de passer un test... mais ce n'est pas ce qui nourrit l'imagination.

Les bons enseignants savent que les manuels scolaires n'ont pas assez de substance pour capter l'intérêt des enfants, ils savent compléter ce vide par de nombreuses lectures. Les excellents enseignants maîtrisent leur sujet, leur passion sera forcément contagieuse. En revanche si l'enseignant se contente de diffuser des informations de seconde main... alors les enfants s'ennuieront autant que s'ils étaient laissés seuls face à un manuel scolaire.

Les maîtres passionnés par leur sujet au point d'éveiller une flamme chez leurs élèves... ceux-là sont si rares que la plupart devrait se contenter d'inculquer la discipline et de guider les enfants, plutôt que de jouer aux experts sur des sujets qu'ils ne maîtrisent pas parfaitement.

Nous voulons que les enfants soient intéressés par une foule de choses. Nous voulons que leurs vies soient remplies de «Pourquoi?» . Mais nous ne pouvons pas leur donner directement ces intérêts. La question n'est pas de savoir «quelle est la quantité de savoir que l'enfant possède à la fin de ses études?»... mais «à quel point est-ce qu'il s'en soucie?» et «à combien de sujets s'intéresse-t-il?». Certes, vous pouvez amener un cheval au bord d'un étang, mais vous ne pouvez pas le forcer à boire. Le problème c'est que la plupart des instructeurs n'emmènent même pas le cheval près de l'étang. Ils donnent aux enfants de misérables petits manuels scolaires, des compilations rapides remplies de connaissances sèches. Ou ils leur donnent un semblant de connaissance diluée, adaptée, préparée. Tout cela n'étanche aucune soif. Alors qu'ils ont tout près, à leur portée, sur tous les sujets imaginables, énormément de livres vivants et profondément désaltérants!

On sous-estime trop les enfants. On les prend pour les huîtres. On croit qu' «ils ne peuvent pas comprendre», que «c'est trop compliqué» pour eux. On pense qu'ils ont besoin qu'un adulte bêtifie tout avant leur passage pour que ce soit à leur portée. On a oublié que William Morris avait lu Sir Walter Scott à l'âge de quatre ans; que Macaulay, à quatre ans, se passionnait pour Robinson Crusoe. Les livres des générations précédentes ne prenaient pas les enfants pour des simples d'esprit, et ils avaient raison: les enfants sont intelligents, observateurs, et dotés d'une conscience forte. Tout ce dont ils ont besoin, c'est de la connaissance du monde et des hommes et de l'aide des adultes pour apprendre à se contrôler.

Nous savons que les habitudes déterminent le comportement et le caractère. Nous savons que les idées inspirent la volonté de changer d'habitudes. C'est pour cette raison que nous devons immerger l'enfant dans un bain d'idées vivantes aussi variées que possible. Dieu fera le reste.

XVI- Choisir et utiliser les livres à l'école

Les enfants devraient construire leur connaissance directement à partir des livres vivants, que Charlotte appelle «living books», plutôt qu'en écoutant un instituteur leur dicter ce qu'ils doivent apprendre d'un livre. Ce que nous apprenons seuls nous touche beaucoup plus, nous le mémorisons mieux. L'enfant doit être laissé à sa lecture comme s'il était en compagnie de l'auteur; c'est l'écrivain, le véritable enseignant. C'est lui qui murmure directement à l'oreille de l'enfant. Le professeur n'a pas besoin de faire l'interface entre l'enfant et le livre en lui expliquant tout; il doit observer les réactions des élèves et en déduire si l'alchimie a lieu ou pas. Charlotte ne dit pas que les leçons orales sont inutiles: leur utilité est simplement d'orienter l'apprentissage et de donner l'impulsion, la motivation à l'enfant. Mais les idées doivent venir directement de l'esprit du penseur à l'élève; il n'y a pas de meilleur moyen pour cela que de les laisser lire les livres directement écrits par le penseur.

Comment choisir les livres qui vont servir de matière pour instruire l'enfant? De nouveaux ouvrages sont publiés chaque jour, une liste serait vite obsolète. Charlotte préfère donc donner les principes auxquels ils doivent répondre, et laisser chacun juge.

-Un bon livre n'est pas forcément un gros livre.

-Les living books sont écrits par un auteur passionné par le sujet.

-Un living book est agréable à lire, ce n'est pas une corvée: il doit plaire aux enfants. Les idées qui s'y trouvent doivent provoquer de petits impacts agréables sur leurs esprits, elles doivent les inspirer. Le travail de l'enseignant est d'observer si la magie opère et d'éveiller chez les enfants un amour pour les mots. Mais attention à ne pas tomber dans une logorrhée assomante. Les enfants n'aiment pas les flots de paroles. Nous avons tous été à la place de la petite fille qui dit «Mère, je pense que je pourrais comprendre si tu n'expliquais pas *autant*.» Une douche d'explications n'est agréable pour personne.

-La narration est un exercice précieux après une lecture. On peut lire lentement, mais on ne doit lire qu'une seule fois. Si on répète l'enfant s'habituera à écouter d'une oreille distraite, il ne fera pas l'effort d'enregistrer les informations dès la première lecture. On peut varier les exercices, toujours en gardant le livre comme support: énumérer les expressions dans un paragraphe donné; analyser un chapitre en regroupant des paragraphes et en donnant des titres à chaque partie; chercher les liens de cause à effet; cerner les personnages et étudier leurs interactions; chercher les leçons de vie; relever les découvertes scientifiques...

Si l'enseignant ne fait pas la lecture et qu'il n'explique pas non plus les textes, alors quel est son travail? Il étudie le texte en amont et détermine quel type d'exercice est le plus approprié pour que l'enfant en retire quelque chose de positif. Le maître est juste un guide. Il faut faire très attention à ce que la narration et les exercices ne prennent pas trop de place par rapport à la lecture. Les idées du livre ont besoin d'espace pour pouvoir vivre et grandir. Les bons livres sont vivants: trop de travail d'analyse, trop d'exercices... peuvent le tuer aux yeux de l'élève.

XVII- L'éducation et la socialisation

Nous savons désormais que l'éducation est une atmosphère, une discipline, une vie; parents et enseignants doivent donc être vigilants à l'environnement dans lequel évolue l'enfant, à entraîner chez lui de bonnes habitudes, et à le nourrir d'idées vivantes car elles sont la seule nourriture qui puisse bâtir une personnalité forte.

Ces trois instruments sont les seuls que nous ayons à notre disposition pour éduquer, parce qu'ils sont les seuls facteurs extérieurs qui rendent n'importe quelle personne meilleure. Nous n'avons pas le droit d'utiliser la vanité d'un enfant, ses émotions ou ses désirs pour le motiver. Les enfants ne sont pas un bloc d'argile entre nos mains, nous ne pouvons pas les modeler comme bon nous semble. Nous devons les respecter en tant que personnes. Si nous nous en tenons aux trois méthodes externes - l'atmosphère, les habitudes et les idées - alors l'enfant évoluera bien.

Nous ne rendons pas service aux enfants en les protégeant de ce qui pourrait les attrister ou les tenter. Certains ne lisent que des contes de fées édulcorés pour préserver les petites oreilles d'un choc trop précoce: ils pensent que l'enfant n'est pas prêt à voir les aspects sombres de la vie. C'est oublier que la mort, la détresse, la douleur, la souffrance et le péché font partie de la vie. Nul besoin d'entrer dans des détails sordides, bien sûr, mais notre devoir d'éducateurs est aussi de les faire grandir dans le monde réel... un monde qui n'est pas toujours rose.

L'éducation est une science des relations, mais Charlotte ne conçoit absolument pas la socialisation comme Herbart , *père du concept de «programme scolaire»*, la concevait. Pour Herbart il suffit de mettre les enfants ensemble et de laisser la «masse» créer ses connections. Pour Charlotte la socialisation est beaucoup plus complexe: nous expérimentons tous, sans cesse, des relations avec les autres. Ce sont ces expériences qui déterminent notre personnalité.

Le bébé commence à développer des relations avec les autres très tôt: sa mère, sa famille, le chien, les gens dans la rue... font partie de sa vie. Quand on le laisse évoluer seul il commence à explorer et à comprendre les interactions sociales. A l'âge où il commence son éducation il a déjà tout un bagage relationnel. Plus nous lui avons présenté d'idées, plus sa vie sera remplie. Il a besoin d'apprendre quels sont ses devoirs envers les autres et quelle joie on peut avoir quand on se surpasse. Il n'a pas besoin d'être assommé par le travail ni d'enchaîner les actvités organisées: il a surtout besoin qu'on le laisse apprendre à interagir avec les autres. Et cet apprentissage se fait dans un bain d'idées inspirantes.

L'erreur fatale est de croire que nous sommes pour les enfants des présentateurs de l'univers, que c'est à nous de décider entièrement du programme de ce que les enfants doivent savoir... comme si leurs vies nous appartenaient, comme s'ils avaient tous les mêmes intérêts et les mêmes aspirations. Nous n'avons pas non plus le droit de limiter leur éducation au célèbre *«lire, écrire, compter»*. Cet état d'esprit engendre des personnes ternes dont la vie se résume à des samedis soir à la brasserie; elle crée des enfants qui finissent des études brillantes mais qui n'ont pas la moindre idée de ce qu'ils veulent faire de leur vie. Des enfants sans passions. Trop d'adultes ne vivent que pour la prochaine partie de ping-pong ou de poker; ils n'ont aucune étincelle, rien qui rende la vie pétillante. Alors qu'un enfant qui a baigné dans des idées vivantes et qui a pu faire une foule d'expériences aura une vie riche et remplie: il ne vivra pas juste dans l'attente de recevoir sa paie à la fin du mois. C'est ce futur que nous voulons pour nos enfants.

Les enfants doivent avoir de vraies relations vivantes avec les éléments tels que l'eau et la terre ; des relations qu'ils bâtissent bien mieux si on les laisse expérimenter seuls. Charlotte raconte l'histoire de John Ruskin, *écrivain et artiste britannique*, élevé dans une banlieue «riche» par des parents qui se souciaient - peut-être un peu trop - de leur progéniture en veillant à ce qu'elle ne manque de rien et qu'elle soit bien à l'abri. Le malheur, dans ces banlieues aisées, c'est que les gens vivent entre personnes de la même classe sociale. Ils sont entre semblables, coupés des plus petits qu'eux mais aussi des plus grands; ils ne voient ni le travail des autres, ni l'aventure, ni la privation. Charlotte recommande à tous les riches parents habitants des banlieues de lire <u>Praeterita</u>. Malgré un grand respect pour ses parents Ruskin livre un poignant témoignage de ce qu'est la vie enfermé avec des personnes de la même condition. C'est comme si chaque page hurlait «*Laissez-moi sortir!*». Il raconte une petite anecdote: ses parents l'avaient inscrit, avec ses pairs, dans une rigoureuse école d'équitation... alors qu'il aurait appris bien plus s'il avait pu passer un été en liberté avec un poney en pâture. Pour Charlotte, c'est quelque chose qu'on retrouve souvent chez les parents des banlieues aisées: ils tentent de «fabriquer» de fausses expériences éducatives parce que leur environnement ne leur offre pas assez d'opportunités naturelles.

Les enfants en apprennent beaucoup plus sur le monde et sur les relations sociales si on les laisse jouer librement dans un environnement naturel.

XVIII- Plus d'affinités

John Ruskin se souvient du plaisir qu'il avait, enfant, à construire des ponts avec des blocs de bois. Habitant en banlieue il avait eu très peu d'occasions de découvrir les joies de la nature, mais il avait tout de même pu observer les fleurs du jardin et elles avaient piqué sa curiosité. L'enfant en avait récolté les graines, il avait aussi commencé une collection de cailloux qu'il étudiait seul, sans personne pour lui faire la leçon sur ses découvertes. Des années plus tard, alors qu'il escaladait le sommet d'une montagne, Ruskin aperçut de la pyrite de cuivre. Il se souvint des expériences qu'il faisait enfant et eut l'idée d'écrire un livre: _Ethics of the dust_.

Il avait lu Scott, Homère et Shakespeare mais il n'avait pas été transporté tout entier par un livre avant sa découverte de Byron, à l'adolescence. Il découvrit en Don Juan un personnage d'une telle humanité qu'il comprit qu'on pouvait transposer la force et la beauté avec des mots. Pour Ruskin l'étincelle est venue de Byron... mais on ignore totalement ce qui allumera la flamme intérieure d'un enfant. La sensibilité est propre à chacun. C'est la raison pour laquelle nous devons leur proposer de beaux livres en quantité: ce n'est qu'avec une profusion de choix qu'ils pourront trouver des livres qui leur parlent.

L'amour de Ruskin pour l'histoire lui est venu à l'âge adulte en visitant des sites remarquables: Rouen, Genève, Pise, Rome... Il avait lu beaucoup de récits historiques dans son enfance mais aucun n'avait vraiment pris vie dans son imagination. Même Euclide n'était pas parvenu à l'inspirer comme le fit la visite du Capitole. Nous ignorons quelles idées inspireront l'enfant: chacun a des intérêts et une personnalité qui lui sont propres et qui déterminent les leçons qui vont les passionner et celles qui vont les ennuyer. On ne doit pas seulement être généreux sur la quantité de bons livres et sur la variété des leçons; nous devons aussi être attentifs à élever les enfants au contact de tous les aspects de la vie. Ruskin a grandi isolé, sans goûter aux joies de l'amitié; Wordsworth, *poète anglais*, avait des amis et il était libre de choisir d'être avec eux ou de s'isoler; Walter Scott, *écrivain écossais*, quant à lui baignait dans une profonde amitié avec l'Ecosse tout entière! On ne peut pas tout offrir à un enfant, et il est possible que le «manque social» de Ruskin ait fait de lui un grand auteur et qu'il lui ait inspiré son oeuvre... mais nous n'en sommes pas certains, et il serait profondément dommage de priver délibérément un enfant de camarades.

XIX- La vocation

A l'âge de treize ans Ruskin reçut des mains de son père une collection de vignettes des oeuvres de Turner. Ses yeux s'étaient à peine posés sur le présent qu'il avait déjà compris qu'il avait trouvé un maître à imiter. C'est ainsi qu'il se mit à l'art. Il entraîna sa main à dessiner et traça des arbres jusqu'à ce qu'ils soient parfaits. Plus il peignait les arbres, plus il était intéressé par la nature. Wordsworth fit le chemin inverse: une enfance à observer la nature fit de lui un poète émerveillé par le monde et ses merveilles. On ignore ce qui peut produire un déclic chez chaque enfant: si on propose un éventail d'idées très variées et qu'on laisse aux enfants la liberté de se servir librement alors ils choisiront forcément ce qui leur parle, ce qui les «élève». «*Lire-écrire-compter*» c'est important, mais c'est très loin d'être suffisant: pour que l'enfant soit intelligent et curieux il faut aller plus loin en lui présentant toute une variété de grandes idées. La vie elle-même fourmille d'idées et d'expériences, mais ce n'est pas une excuse pour bâcler le programme d'études. L'enfant a besoin d'être guidé pour adopter de bonnes habitudes et pour développer un sens de l'observation aigu. Si on le laisse livré à lui-même il risque de devenir stupide et incompétent. Les habitudes prises durant l'enfance sont indélébiles.

On peut avoir l'impression que les personnes passionnées par leur travail le font sans effort. Beaucoup pensent que l'ornithologue fait un travail facile par exemple; que l'amour des oiseaux rend sa tâche bien tranquille. C'est oublier qu'il se lève à 4h du matin pour assister au réveil des oiseaux; qu'il est parfois même à Hyde Park à 2h30 pour voir le martin-pêcheur à l'oeuvre. Caché, en silence, il attend patiemment le ballet du peuple à plumes; il voyage dans de lointaines contrées pour découvrir de nouvelles espèces; il se donne tout entier à son métier, avec amour, ardeur, patience et respect. Son travail le lui rend bien: que de joie il obtient en retour! Mais la joie qu'on obtient dans le travail est toujours à la mesure du travail fourni.

C'est exactement la même chose pour la camaraderie. On peut croire que l'amitié se contente de fêtes, de jeux et de pique-niques; c'est faux: les vraies amitiés demandent aussi des efforts. Il faut prendre le temps de les nourrir, de cultiver la loyauté et la confiance...

Manifeste pour l'éducation

«Les études sont au service du plaisir, de la beauté et du progrès»

Jeunes enfants dans une école Charlotte Mason

Chaque enfant a le droit d'entrer en contact avec des champs de connaissances très variés. Tous les petits normalement constitués sont friands de connaissances. Cet appétit intellectuel naturel est un stimulus suffisant pour tout le travail scolaire, pour peu que le travail soit correctement présenté.

Il existe quatre moyens de détruire le désir de connaissance des enfants:

-trop de leçons orales qui proposent des connaissances sous forme diluée et qui laissent trop peu de liberté à l'enfant pour assimiler à sa manière.

-des cours organisés par l'enseignant sous forme de patchwork: patchwork d'illustrations, de récits de sources différentes, de synthèses d'idées prémâchées... ces leçons sont trop condensées.

-des manuels scolaires qui compilent de petits extraits littéraires (ou pire, qui reformulent les oeuvres!).

-l'utilisation de l'émulation et de l'ambition pour motiver les élèves à apprendre, plutôt que de les laisser apprendre par amour de la connaissance.

Le meilleur moyen d'éduquer un enfant est de le faire avec les *Choses* et les *Livres*. Les *Choses* à prodiguer:

- **des obstacles naturels** à surmonter physiquement en apprenant à nager, courir, sauter, escalader, marcher, ...

- **des matériaux à travailler:** du bois, du cuir, de l'argile...

- **des objets naturels in situ:** des oiseaux, des plantes, des pierres, des vents et des courants... à étudier dans leur milieu naturel absolument.

-des oeuvres d'art

-des équipements scientifiques: microscope, loupe, balance, globe, compas, boussole, ...

L'éducation par les *Choses* est primordiale mais il ne faudrait pas oublier l'apport des *Livres*. A partir de six ans l'enfant est capable de choisir les living books qui l'intéressent mais jusqu'à huit ans il faut continuer de lui faire la lecture: tant qu'il n'est pas un lecteur confirmé il faut veiller à lui prodiguer de la littérature en abondance.

Cette pédagogie est mise en place avec succès dans de nombreuses écoles à la maison et établissements scolaires. L'utilisation libre de vrais livres, à tous les niveaux de l'éducation, évite de nombreuses difficultés. Grâce à eux l'instruction est plus simple, plus économique et mieux organisée: les études sont enfin au service du plaisir, de la beauté et du progrès.

XX- Quelques suggestions sur les programmes scolaires des enfants de moins de quatorze ans: les livres scolaires

Dans les précédents chapitres nous avons parlé des programmes mais Charlotte y revient en résumant son idée. L'autorité a été longuement expliquée parce qu'elle est fondamentale. Sa présence doit être aussi permanente que discrète. On n'expose pas les fondations de sa maison en permanence: on les oublie et pourtant ce sont elles qui soutiennent tout l'édifice! Tous les principes que Charlotte a évoqués doivent être appliqués avec un grand respect pour la personnalité de l'enfant; et pour qu'il ait assez de place pour s'épanouir il est bon que parents et enseigants adoptent une attitude d'inactivité magistrale. En éducation comme en tout, le mieux est le mortel ennemi du bien.

Il est impossible d'instruire correctement un enfant enfermé entre quatre murs: il faut sortir, sentir le flux, être dans le monde réel, aller à la rencontre des découvertes scientifiques et de la diversité humaine.... N'oublions jamais que *l'éducation est une atmosphère*: les apprentissages se font au contact d'un bain idéologique et culturel aussi riche que possible, dans lequel chaque évènement est l'occasion d'apprendre; *l'éducation est une discpline*: les parents ont pour mission d'instaurer de bonnes habitudes chez l'enfant; et *l'éducation est une vie*: elle est quotidienne et vivante, elle suit l'évolution et la personnalité de chaque enfant. Ces trois outils sont les seuls que nous ayons le droit d'utiliser pour élever nos enfants. Ce serait bien plus facile d'utiliser leur sensibilité, leurs passions, leurs désirs, leurs émotions, leurs peurs... mais le résultat serait forcément désastreux.

Quel est le but, quelle est la finalité de tout cela? A cette question Charlotte répond que *l'éducation est la science des relations*. Les expériences faites par l'enfant durant son temps libre s'enchevêtrent avec les leçons apprises; ensemble elles le rendent meilleur, elles augmentent considérablement ses chances de connaître une vie riche et remplie.

Herbart, *père de l'idée de «programme scolaire»*, prônait une approche de masse: il suffirait selon lui d'élaborer de jolis programmes pour chaque âge, laisser les enseignants les ficeler correctement à leur sauce et les verser directement dans les petits cerveaux. Charlotte pense tout l'inverse: il faut prendre chaque enfant comme un tout: il vient avec sa personnalité et ses affinités. Il n'y a pas deux enfants qui soient semblables. On ne peut pas, en éducation, faire du travail de masse: l'enfant mérite du sur-mesure. Le rôle de l'éducateur est donc d'entraîner chaque enfant individuellement à acquérir les bonnes habitudes qui vont lui permettre de travailler efficacement; notre rôle d'éducateur est de lever les obstacles, de motiver et de guider chaque élève dans sa découverte du monde. Ne nous prenons pas pour des présentateurs de l'univers dont la mission serait de tout expliquer: soyons juste d'humbles guides, tapis dans l'ombre, mais laissons l'enfant faire directement ses expériences avec le monde.

Si l'enfant en arrive à considérer les études comme quelque chose de nécessaire pour passer un examen alors nous avons râté son éducation. L'instruction doit être émotionnelle. Charlotte rappelle l'épisode des *Voisins*, la passion de la jeune Fredrika pour Charles XII: la plupart des jeunes écolières ne se battent pas pour des héros mais pour des notes, pour la compétition, sans aucune passion pour la connaissance en elle-même. Qu'un enfant quitte le système scolaire sans savoir ce qu'il veut faire de sa vie est inacceptable. Il a beau être brillant dans ses études et passer ses tests avec succès, si son seul intérêt dans la vie est de jouer c'est de la faute de l'école; elle l'a coupé du réel, elle lui a rempli le cerveau de connaissances en oubliant le principal: le nourrir d'idées vivantes.

Mr Benson, *maître d'école au sein du célèbre collège d'Eton et contemporain de Charlotte*, est très franc; il croit que les maîtres des écoles publiques ont deux grandes ambitions: rendre les enfants bons et en bonne santé; mais il ne pense pas qu'ils se soucient de leur épanouissement intellectuel. Chaque maître fait son travail parce que c'est son devoir mais pourquoi s'embêter à faire du cas par cas en se souciant de l'intellect de chaque élève? Benson déplore le bas niveau dans les écoles publiques et ne voit aucun espoir d'amélioration. L'important ce n'est pas de savoir la quantité de connaissances possédées par l'enfant à la fin de l'année; c'est de savoir à combien de choses il s'intéresse: est-il curieux? Est-il heureux d'apprendre? Est-il consciencieux, honnête et critique?...

Les enfants ont un appétit naturel pour la connaissance. Notre devoir est simplement d'entretenir cet appétit par un «régime» intellectuel le plus riche possible. Il est injuste de limiter les matières, de dire «il n'a pas besoin d'apprendre le latin» ou «il ne fera pas de sciences». Chaque enfant a le droit d'explorer les domaines qui l'attirent, il ne doit pas être limité dans son désir d'apprendre parce que «*ça ne sert à rien*», «*on n'a pas le temps*» ou «*ce n'est pas au programme*». L'esprit des enfants est aussi vif que le nôtre: il est capable de comprendre énormément de choses. Les petits n'ont pas besoin qu'on dilue, qu'on prémâche et qu'on simplifie tout: ils sont capables de comprendre!

Pour Charlotte la différence entre la *connaissance* et l'*information* est fondamentale. Une *information* c'est un fait «sec», une expérience, une apparence... La *connaissance* va beaucoup plus loin: elle implique une action volontaire de l'esprit. Un enfant capable d'extraire des connaissances d'un livre est capable de classer, de raconter et de se servir de ce qu'il a appris. Un enfant qui a juste mémorisé des informations «sèches» en est incapable, il peut juste «faire semblant» de savoir.

Un système éducatif basé sur les notes, les prix, le classement... plutôt que sur la connaissance détruit l'équilibre de l'enfant. Les élèves ainsi stimulés engrangent beaucoup d'informations mais ils sont incapables de s'en servir, et ils sont encore plus incapables de savoir ce qu'ils aiment vraiment. Alors que la connaissance est une récompense merveilleuse à elle toute seule.

On donne trop d'importance aux leçons orales. Les enfants doivent apprendre au contact direct des grands esprits, en lisant leurs oeuvres. Ils n'ont pas besoin d'intermédiaires: les auteurs sont les meilleurs enseignants! Les maîtres ne sont pas honnêtes s'ils se posent en «savants détenteurs de toutes les connaissances» tout en donnant d' «adorables» leçons. Ces cours titillent peut être les enfants sur le moment, mais il sont bien trop peu stimulants. Alors qu'il existe des livres extraordinaires sur tous les sujets possibles et imaginables: chaque oeuvre a demandé plusieurs années de travail à son auteur. Il maîtrise parfaitement le sujet, si ça se trouve il a même vécu son histoire: personne n'est mieux placé que lui pour enseigner aux enfants.

XXI- Quelques suggestions sur les programmes scolaires des enfants de moins de douze ans: les livres scolaires

Aucun comité d'experts ne peut élaborer une liste de livres à lire par tous les étudiants. Seul l'élève sait ce qui l'intéresse: personne ne peut prédire quels livres vont le transporter. Notre devoir est de faire du tri entre les excellents livres («*living books*») et les ouvrages idiots («*twaddle*») mais il est impératif de laisser l'enfant choisir les living books qui l'intéressent. Lui seul sait.

Une fois que l'enfant a choisi un livre il faut «laisser faire»: nous devons laisser l'auteur enseigner. Le rôle de l'adulte est de préparer la classe à adopter une attitude positive à l'égard de la lecture en montrant par exemple son propre plaisir de lire. Mais il doit rester en second plan: les enfants extraient mieux la connaissance directement dans le livre. Peu de maîtres réalisent à quel point leurs leçons sont plus néfastes qu'autre chose. Les enseignants aussi doués que l'auteur d'un livre sont rarissimes et rien ne tue plus une oeuvre qu'un flot de commentaires barbants à son sujet. Nul besoin d'expliquer, de commenter, d'illustrer, de résumer...à tout bout de champ: moins on dilue la connaissance mieux elle se porte. Pour Charlotte un bon enseignant utilise les leçons orales avec parcimonie: il sait expliquer et répondre aux enfants qui n'ont pas compris un point, mais il a surtout l'humilité de savoir se mettre en retrait.

Les modèles, aides visuelles et autres matériels éducatifs doivent être utilisés à toute petite dose. Seul le matériel technique et scientifique est indispensable: télescope, microscope, loupe,...

L'esprit a besoin de mots pour comprendre une idée: à trop utiliser de supports visuels ou tactiles on abaisse la capacité des enfants à comprendre des idées abstraites. Charlotte raconte l'histoire d'un enseignant de ville portuaire qui avait fait des pieds et des mains auprès de sa direction pour obtenir une vue en coupe de soldat en uniforme... alors qu'il suffisait d'ouvrir la fenêtre! Ou encore l'anecdote suivante, après la visite du musée de la paix et de la guerre de Lucerne. Les torpilles y étaient présentées par une floppée de diagrammes, de dessins, de maquettes ou que sais-je encore, mais impossible pour Charlotte de comprendre quoi que ce soit quant à leur fonctionnement. Le soir elle demanda à son voisin de table s'il pouvait lui expliquer comment marche une torpille: il se servit de son étui à lunettes comme d'une maquette, et en quelques phrases claires Charlotte avait compris. Elle sut plus tard que le gentleman travaillait au ministère de la guerre. On peut expliquer des choses très complexes avec une gomme, un pot à crayon et n'importe quel objet à portée de main: nul besoin d'équipement compliqué ou de matériel pédagogique spécifique. Sans oublier que le spectacle d'une démonstration avec des objets détournés fait toujours son petit effet!

Harmoniser la progression entre les différents sujets d'étude n'est pas impératif: on peut très bien comprendre l'histoire de l'Armada et la quantité de nourriture nécessaire pour nourrir la flotte espagnole sans pour autant avoir de solides connaissances en arithmétique. Notre objectif éducatif est d'ouvrir l'horizon intellectuel de chaque étudiant et de lui inspirer de belles et grandes valeurs. Si un jeune obtient ses diplômes avec brio mais qu'il n'est intéressé que par les performances des sportifs à la mode alors nous avons raté son éducation. Le fait qu'une personne passe pour intelligente ou idiote dépend entièrement de la quantité et de la variété des choses auxquelles elle s'intéresse.

L'éducation doit se faire autant par les *Choses* que par les *Livres*. Le gros problème que nous avons à affronter vient de la grande variété de livres existants. Trop d'enseignants ont tendance à aller piocher dans tout un tas d'ouvrages pour faire une «compilation» d'extraits et ficeler le tout en une leçon orale. Les enfants ont besoin du livre tout entier, ils ont besoin de se lier intimement avec l'auteur et de le laisser parler du sujet qu'il maîtrise parfaitement. A force de lire ils apprennent à écrire et à devenir des lecteurs perspicaces.

Au sujet du programme Charlotte pense avoir déjà tout dit dans les chapitres précédents. Elle distingue les matières suivantes: la religion, la philosophie, l'histoire, la langue, les mathématiques, les sciences, l'art, l'exercice physique et les travaux manuels.

Dans chacun de ces domaines, ce qui intéresse les enfants c'est surtout l'humain. Ils entrent en relation avec les personnages des livres. Même les sciences ne sont pas que des apprentissages par les *Choses*: les enfants veulent entendre comment les découvertes ont été faites, ils veulent des détails sur les circonstances des grandes trouvailles...

-**La religion**: la Bible est sans aucun doute le meilleur programme. Elle contient une littérature riche et tout ce dont un enfant a besoin pour construire une relation avec Dieu et pour se forger de solides valeurs.

-**L'Histoire**: à l'âge de douze à quatorze ans chaque enfant devrait avoir de solides connaissances sur l'Histoire anglaise, française, grecque et romaine. Rien ne vaut les biographies ou encore les écrits de Plutarque.

-**La langue**: un enfant de douze ans devrait avoir une bonne maîtrise de la grammaire de sa langue maternelle et avoir lu de nombreux living books. En langue étrangère -*Charlotte faisait apprendre le français à ses élèves*- ils devraient être capables de tenir une conversation et de lire un petit livre facile. Il devrait avoir quelques notions d'une seconde langue étrangère -*l'allemand*- et être capable de lire des _Fables_ en latin, si ce n'est _César_.

-**Les mathématiques**: elles sont généralement bien enseignées dans les écoles. Comme c'est un domaine interactif, vivant et précis il pose rarement problème.

-**Les Sciences**: elles sont enseignées au coeur de la nature jusqu'à l'âge de douze ans. Les enfants doivent être en mesure de reconnaître et de nommer les plantes, les pierres, les constellations et les animaux de leur environnement. On apprend aux élèves à être observateurs en les faisant dessiner des croquis de ce qu'ils voient dans leurs «cahiers de nature». Dans les écoles de Charlotte les enfants partent faire une promenade dans la nature une après-midi par semaine avec leur enseignante, juste armés de loupes. Très peu d'instructions sont données: l'institutrice se contente de répondre aux questions qui lui sont posées, sans saturer la mémoire verbale de l'enfant avec toute une nomenclature complexe. Ils prennent le temps d'observer le pollen, les antennes des insectes... tout ce qui capte leur attention. A leur retour les plus curieux sont libres de regarder au microscope ce qu'ils ont rapporté de la promenade. Ces sorties libres sont indispensables: elles posent les bases de toutes les études scientifiques futures. Attention à ne pas tomber dans l'excès non plus: l'éducation par les *Choses* ne suffit pas, les *Livres* sont d'égale importance. Les connaissances acquises pendant la lecture viennent s'entremêler avec les expériences faites dehors.

-Le Dessin: Les enfants doivent avoir à leur disposition des fusains ou des pinceaux: ils offrent plus de liberté, plus de profondeur que le crayon à papier. Les enfants n'ont pas besoin de pochoirs ni de lignes directrices: ils doivent être laissés libres d'illustrer contes et poèmes; c'est un exercice aussi éducatif que stimulant pour l'imagination.

-La narration d'images: Charlotte accorde beaucoup d'importance à l'art. Elle donnait aux enfants des petites reproductions ou elle les emmenait même parfois les voir en vrai, et elle leur demandait de «raconter». Ensuite les enfants de six à neuf ans décrivaient l'image en donnant tous les détails possibles; ils reproduisaient les grandes lignes au tableau noir, pour montrer avec la craie où se trouvait l'arbre ou encore la maison; puis ils écoutaient enfin la vraie histoire de la peinture. Les enfants plus âgés vont plus loin: ils sont capables de distinguer les lignes de composition, les zones d'ombre et de lumière, le courant artistique dans lequel

l'oeuvre s'inscrit... ils peuvent reproduire quelques détails
de tête.

XXII- Quelques suggestions sur les programmes scolaires des enfants de moins de douze ans: la passion de la connaissance

Utiliser de vrais livres permet de gagner un temps considérable: les leçons sont plus courtes et plus agréables.

Dans les écoles de Charlotte les petites classes ont cours de 9h à 11h30 et les élèves les plus âgés travaillent de 9h à 13h, avec une pause d'une demi-heure au milieu pour la gymnastique. Une à deux heures dans l'après-midi, en fonction de l'âge, sont consacrées à l'étude de la nature, au dessin et au travail manuel. Le reste de la journée est totalement libre: les enfants ont beaucoup de temps pour s'adonner à leurs loisirs et à leurs lectures libres. Avec ce planning nous sommes en mesure de balayer une très grande variété de sujets et d'approfondir vraiment. Un enfant auquel on a pris le temps d'apprendre de bonnes habitudes est rapide et efficace: il a beaucoup plus de temps libre que les autres.

Tous les enfants ont besoin d'une excellente éducation, peu importe ce qu'ils feront dans la vie. Il est immoral de délaisser l'instruction de certains enfants sous prétexte que tous ne deviendront pas de grands intellectuels. Seuls ceux qui ont une relation intelligente avec la vie deviendront des travailleurs efficaces, quel que soit leur métier. Il ne suffit pas d'apprendre aux enfants à penser: une tête vide ne pense pas.; elle a besoin d'idées inspirantes pour pouvoir bâtir des déductions. La complexité de nos raisonnements dépend entièrement de la richesse de notre bibliothèque d'idées et d'expériences.

En éducation il y a six choses à éviter absolument:

-les leçons dispensées par des enseignants médiocres. Trop de maîtres se sentent obligés de préparer des cours sur des sujets qu'ils maîtrisent mal. Sur chaque chose il existe au moins un livre de grande qualité écrit par un auteur qui sait parfaitement de quoi il parle; il suffit de savoir sélectionner les bons livres.

-des cours inventés par l'enseignant. Un enseignant est rarement plus brillant qu'un grand auteur: nul besoin de paraphraser, d'édulcorer ou d'inventer.

-les manuels scolaires: ils sont presque tous très mauvais. Charlotte distingue deux sortes: le franchement soporifique (qui compile de petits extraits piochés par-ci par-là, liste des dates sèches et des détails inintéressants) et l'édulcoré «bien mignon». Dans l'un comme dans l'autre, pour Charlotte, il n'y a rien d'intéressant à tirer.

-les notes et les récompenses: elles donnent de mauvaises motivations aux enfants, elles les font travailler pour de mauvaises raisons. La connaissance devrait être une récompense suffisante.

-trop de matériel éducatif, d'illustrations et de graphiques dans les petites classes: ils paralysent l'esprit au lieu de le stimuler.

-les livres pour jeunes lecteurs: pauvres en vocabulaire ils sont loin d'avoir autant de valeur que les beaux livres.

A l'heure où elle écrit, Charlotte éduque des enfants depuis douze ans avec des *Choses* et des *Livres;* elle est heureuse de voir les résultats. Les enfants apprennent dans la joie. Elle ne prétend pas que ses élèves se souviendront de tout mais, pour citer Jane Austen, tous ont une «imagination bouillonnante».

Certains artistes sont capables d'entrer dans une profonde méditation, de se saisir d'un pinceau et de peindre des symboles. Leur art est séparé de toute conscience, de toute histoire: le trait part dans tous les sens, sans aucune signification, et ils appellent ça de l'art. Pour quoi faire? Certains théoriciens de l'éducation font pourtant exactement la même chose. Quand on construit tout un système éducatif sur des théories qui n'ont jamais été essayées on part forcément dans tous les sens, sans aucune cohérence. On considère les enfants comme une masse et on expérimente joyeusement. On se base sur des futilités intellectuelles, on part dans cent directions à la fois et «advienne que pourra». C'est terriblement excitant de se sentir pionnier, de se dire qu'on va peut-être changer le monde en inventant quelque chose de nouveau; mais soyons modestes, c'est la vie des enfants qui est en jeu! Personne n'a le droit de jouer avec leurs espoirs et leur curiosité. Au lieu de nous lancer à l'aveuglette, nous devons garder notre objectif bien à l'esprit et utiliser des méthodes éprouvées. Les enfants ont trop de valeur pour servir de rats de laboratoire au gré des lubies éducatives.

La plupart des enfants aime aller à l'école: c'est distrayant, elle s'y fait des camarades, aime bien la maîtresse, a fait telle ou telle chose intéressante. Mais l'école publique les abîme: peu à peu l'enfant travaille pour les notes, pour la récompense. Il perd l'envie d'apprendre juste par amour de la connaissance. Une personne vraiment éduquée s'intéresse à mille choses, elle cherche toujours à en savoir plus. Elle ne se contente pas du minimum à savoir pour passer le «test». Les écoles n'ont besoin d'aucune réforme: c'est une révolution qu'il leur faut! Tous les enfants naissent avec une curiosité naturelle que seule une éducation par les *Livres* et par les *Choses* est apte à stimuler.

Annexes

La vie de Charlotte

Au sujet de son enfance et de ses parents, Charlotte écrit que sa mère avait une santé fragile et que l'air marin lui était vital. Elle naît donc à Bangor en 1842 et ses premiers souvenirs sont intimement liés à la mer. Son père est dans le commerce du sel, à Liverpool; c'est un homme simple mais raffiné, il lit beaucoup. Enfant unique d'enfants uniques, ses parents sont heureux de l'éduquer avec l'aide de quelques leçons dispensées par des tiers. Son père lui enseigne certaines matières et sa mère les autres. Elle progresse ainsi, en étudiant les fables d'Esope ou encore la correspondance de Lord Chesterfield à son fils.

La mère de Charlotte meurt prématurément alors qu'elle n'a que seize ans. Son père ne se remet jamais de cette perte: il rejoint son épouse l'année suivante.
Se retrouvant seule, sans famille, Charlotte emménage chez des amis avant d'entrer, à dix-huit ans, à l'institut londonien de formation des eneignantes, la Home and Colonial School Society. Cette institution, fondée en 1836, est le premier établissement du pays dédié à l'enseignement des méthodes de Johann Pestalozzi (éducateur et penseur suisse, pionnier de la pédagogie moderne, surtout connu pour avoir cherché à appliquer les principes de l'*Emile* de Rousseau).

Après trois années de formation, Mason reçoit un poste de directrice de cours préparatoire à la Davison School. Elle y crée quelques années plus tard, à vingt-deux ans, une école secondaire pour filles. A vingt-neuf ans une maladie l'oblige à se retirer, elle en profite pour voyager avant de reprendre un poste d'enseignante au Bishop Otter College de Chichester. Mais elle fait une rechute et doit renoncer à nouveau à l'enseignement. Charlotte reprend ses voyages et ses promenades dans la campagne anglaise et se lance dans l'écriture d'un livre de géographie: _Histoire, paysage, arts et légendes des quarante comtés_. Face au succès de l'ouvrage, elle écrit cinq livres de géographie supplémentaires.

Elle vit désormais plus confortablement grâce aux ventes de ses ouvrages, qui lui apportent une certaine notoriété: Charlotte se fait une place dans les salons intellectuels londoniens. Elle y est sollicitée par le vicaire pour une levée de fonds en faveur de l'église anglicane; plutôt que d'offrir de l'argent elle propose de donner une série de conférences: elle espère faire évoluer les mentalités, lasse de constater la pauvreté de l'éducation dispensée par les gouvernantes dans les maisons de classes moyennes.

Six conférences ont lieu et leur contenu est publié l'année suivante sous le titre _Home Education_ (_L'éducation à la maison_). C'est un succès. Pour continuer à diffuser les idées de sa pédagogie dans un cercle de plus en plus large elle forme un groupe consacré à l'éducation parentale: la Parents' Educational Union (PEU) est née, et avec elle le mensuel Parents'review. A cinquante ans Charlotte inaugure à Ambleside une école pour gouvernantes, préceptrices et autres professions de l'enfance, ainsi qu'une école dans laquelle les enfants suivent sa pédagogie. Elle y enseigne tout en continuant à écrire jusqu'à sa mort, en 1923, à l'âge de 81 ans.

Les 20 Principes d'une éducation Charlotte Mason

1. Les enfants sont des personnes nées. Ils ne naissent pas vides, ils ne sont pas non plus «moins» que les autres. Chaque enfant est déjà une personne aussi complète que n'importe quel adulte.

2. Les enfants ne naissent ni bons ni mauvais, mais avec la possibilité de basculer d'un côté ou de l'autre.

3. Le concept d'autorité et d'obéissance s'applique à chacun, qu'on l'accepte ou non. La soumission à l'autorité est nécessaire au bon fonctionnement de n'importe quelle société, groupe ou famille.

4. Ces derniers principes sont limités par le respect inhérent à la personnalité de chaque enfant. Nous n'avons pas le droit, pour l'élever, de jouer avec ses peurs, l'amour qu'il nous porte, ou n'importe lequel de ses désirs naturels.

5. Pour éduquer l'enfant nous ne disposons que de trois outils: l'environnement naturel, l'instauration de bonnes habitudes, et une exposition aussi riche que possible à une multitude d'idées vivantes. Autrement dit:

L'éducation est une atmosphère, une discipline, une vie.

6. L'éducation est une atmosphère ne signifie surtout pas que l'enfant doit évoluer dans un environnement artificiellement adapté et préparé pour lui. Tout cela insulte son intelligence; à nous de faire en sorte, au contraire, que son environnement soit foisonnant et que chaque expérience soit une belle occasion pour apprendre. Les enfants sont tout à fait capables de s'adapter sans

que l'on ait besoin de tout abaisser à une hauteur enfantine. Ils apprennent beaucoup mieux directement avec les choses réelles, dans un monde réel.

7. L'éducation est une discipline signifie que nous devons entraîner l'enfant à adopter de bonnes habitudes durables.

8. L'éducation est une vie. Elle a besoin, comme n'importe quel être vivant, de nourriture pour subsister. L'esprit réclame une grande quantité d'idées vivantes: pour pouvoir s'épanouir tous les enfants devraient bénéficier d'un programme d'études très généreux.

9.L'esprit de l'enfant n'est pas un vase à remplir; il est une chose vivante qui a besoin d'idées pour grandir. C'est là son régime naturel: l'esprit est fait pour digérer la connaissance, comme l'estomac est fait pour digérer les aliments. Nul besoin de préparation ou d'entraînement spécifique: l'esprit naît déjà prêt pour apprendre.

10. Cette philosophie, selon laquelle l'enfant est un réceptacle à remplir de connaissances, rend l'enseignement infiniment plus compliqué pour le professeur! Dès lors tout dépend de la manière dont il a préparé ses leçons, tout repose sur lui: les élèves ainsi éduqués passent beaucoup de temps en classe mais reçoivent très peu de connaissances.

11. Au contraire, l'esprit des enfants est capable de digérer une vraie connaissance. Un vaste programme d'études leur est proposé, afin de les exposer à une multitude d'idées vivantes et de concepts passionnants.

12. L'éducation est la science des relations signifie que l'enfant est capable de faire ses propres connections. Il doit pour cela avoir assez d'idées, d'expériences et de connaissances à mettre en relations: notre rôle d'éducateur est de veiller à ce qu'il apprenne beaucoup au sujet de la nature, des sciences et des arts, de la fabrication des objets, qu'il lise beaucoup de living books et qu'il soit dégourdi physiquement.

13. Lors de la conception du programme d'études, nous devons retenir trois éléments cruciaux:
-Le programme doit être très riche car l'esprit n'est jamais rassasié.
-Les connaissances doivent être variées: la monotonie endort les enfants et leur fait perdre toute curiosité.
-Tous les sujets doivent être présentés dans une parfaite qualité littéraire.

14. Nous ne possédons vraiment que la connaissance que nous avons pu exprimer oralement. Pour que l'enfant assimile, l'exercice de la narration est placé au centre des apprentissages.

15. Les enfants doivent passer à la narration après une seule lecture. Ils sont capables de retenir à la perfection dès la première fois, pour peu qu'ils soient entraînés à se concentrer. Lorsque le maître résume, explique un passage littéraire ou pose des questions de compréhension de texte, il donne aux enfants l'habitude de se reposer sur lui et de ne pas écouter à la perfection dès la première lecture. Lorsque l'enfant sait qu'il n'a qu'une seule chance de retenir chaque détail d'une histoire qu'il devra ensuite raconter seul, il exerce sa mémoire et prend l'habitude de se concentrer: le temps de travail gagné est considérable. Les enfants ainsi entraînés apprennent beaucoup plus vite que les autres, peu importe leur intelligence ou leur origine sociale.

16. Les enfants ont deux guides pour les aider au fil de leur croissance morale et intellectuelle: « la voie de la volonté » et « la voie de la raison ».

17. Chaque enfant doit apprendre la différence entre « je veux » et « je dois ». Il doit savoir se distraire lorsqu'il est tenté de faire quelque chose qui ne serait pas juste. Après une courte diversion l'esprit est rafraîchi, capable de prendre du recul vis à vis de ses pulsions.

18. La voie de la raison: les enfants doivent apprendre à ne pas trop se fier à leur propre raison. La raison sert à merveille la science et les démonstrations mathématiques. Pour justifier des idées en revanche elle s'avère souvent désastreuse: la raison trouve toujours un moyen irréfutable de justifier les idées auxquelles nous voulons croire, peu importe leur valeur.

19. Puisque la raison n'est pas digne de confiance, tous les enfants doivent apprendre que leur plus grande responsabilité est de choisir quelles idées adopter ou rejeter. Seuls de bonnes habitudes de comportement et un bain culturel très riche permettent d'acquérir assez de discipline et d'expériences pour pouvoir faire cette démarche.

20. Toutes les vérités sont des vérités de Dieu. Les enfants ne sont pas ballotés entre leur religion et les matières scolaires: quel que soit le sujet étudié, Dieu est toujours à leurs côtés.

Exemples de routines quotidiennes

Détail des cycles d'apprentissages:
I- 6 à 9 ans
II- 9 à 13 ans
III- 13 à 16 ans
IV et V- 16 ans et au-delà

Chaque matière n'excède pas 15 à 30 minutes en cycle 1. Tout au long de l'instruction la priorité est donnée à de courtes leçons, variées et vivantes

Cycle I
Mythe/Bible/Récit
Narration
Dictée/Conjugaison
Français & Histoire (Copie/Lecture/Grammaire)
Théâtre/Poésie/Chant
Mathématiques
Sciences/Nature/Géographie l'*après-midi, dehors*
Sport *l'après midi, dehors*

Cycles II et III
Mythe/Bible/Récit
Narration
Dictée/Conjugaison
Lecture personnelle d'Histoire & Littérature
Narration
Grammaire/Dactylographie
Théâtre/Poésie/Chant/Musique/Art
Mathématiques/Géométrie
Sciences/Nature/Géographie l'*après-midi, dehors*

Sport *l'après midi, dehors*

Cycle IV
Mythe/Bible/Récit
Narration
Grammaire/Dictée
Lecture personnelle d'Histoire & Littérature
Composition écrite
Théâtre/Poésie/Chant/Musique/Art
Mathématiques/Géométrie
Sciences
Nature/Géographie *l'après-midi, dehors*
Sport *l'après midi, dehors*

Merci!

Merci d'avoir lu ce livre, j'espère de tout coeur qu'il vous a plu. N'hésitez pas à laisser une évaluation! L'auto-édition est un parcours semé d'embûches: si vous avez trouvé des erreurs merci beaucoup de me les signaler afin que je puisse les corriger.

Pour vos éventuelles questions, n'hésitez pas à me contacter à l'adresse suivante:
petitshomeschoolers@gmail.com

Vous pouvez retrouver la pédagogie Charlotte Mason 2 sur Amazon. Plus centré sur les adolescents, plus concret, il regroupe les deux derniers livres de Charlotte.
http://www.amazon.fr/La-pédagogie-Charlotte-Mason-2-ebook/dp/B00SA0K03O

La pédagogie Charlotte Mason mise en pratique

Pour plus d'informations sur la pédagogie Charlotte Mason mise en pratique, notre site:
http://petitshomeschoolers.blogspot.fr

Page facebook:
https://www.facebook.com/petits.homeschoolers

Groupe de discussion sur la pédagogie Charlotte Mason:
https://www.facebook.com/groups/269103093267337/

Liste de living books en français:
http://petitshomeschoolers.blogspot.fr/2014/03/charlotte-mason-liste-francaise-de.html

Liste de living books de sciences et de maths, en français:
http://petitshomeschoolers.blogspot.fr/2014/11/charlotte-mason-liste-de-living-books.html

Laura Laffon

www.ingramcontent.com/pod-product-compliance
Lightning Source LLC
Chambersburg PA
CBHW050508160726
48003CB00001B/217